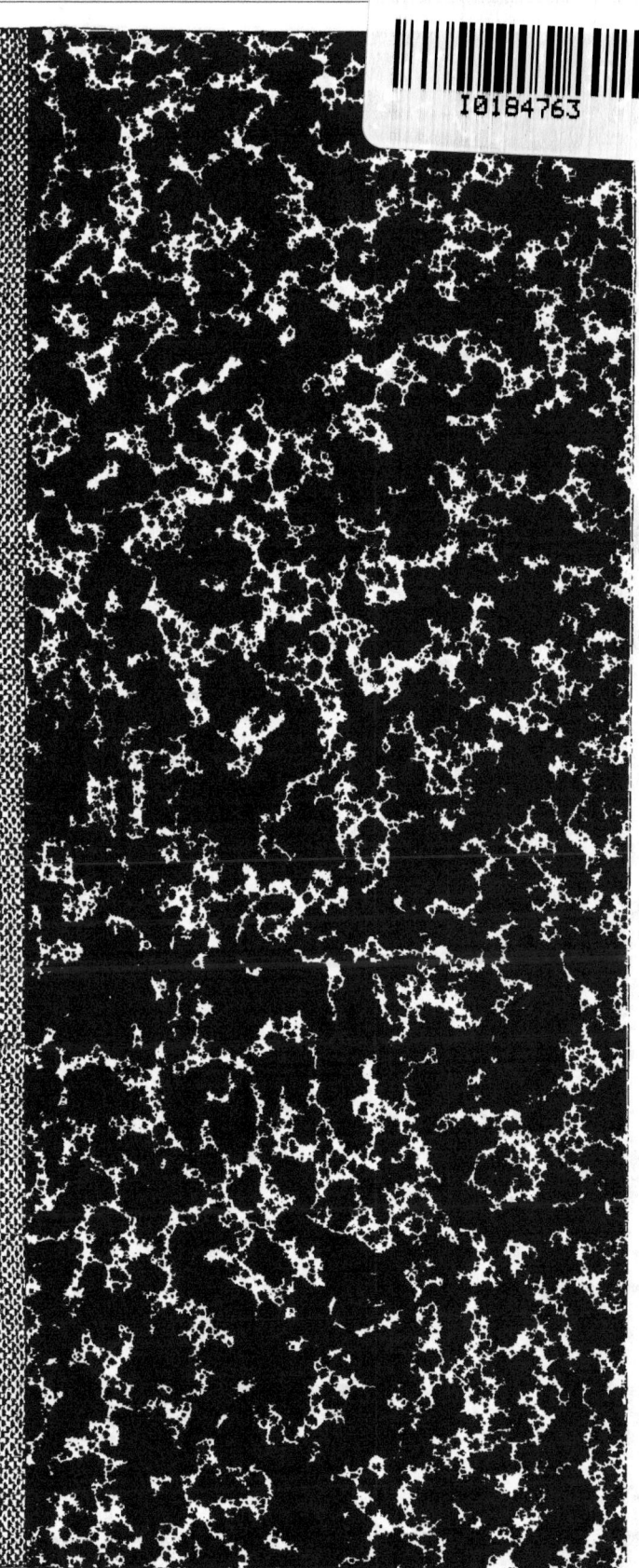

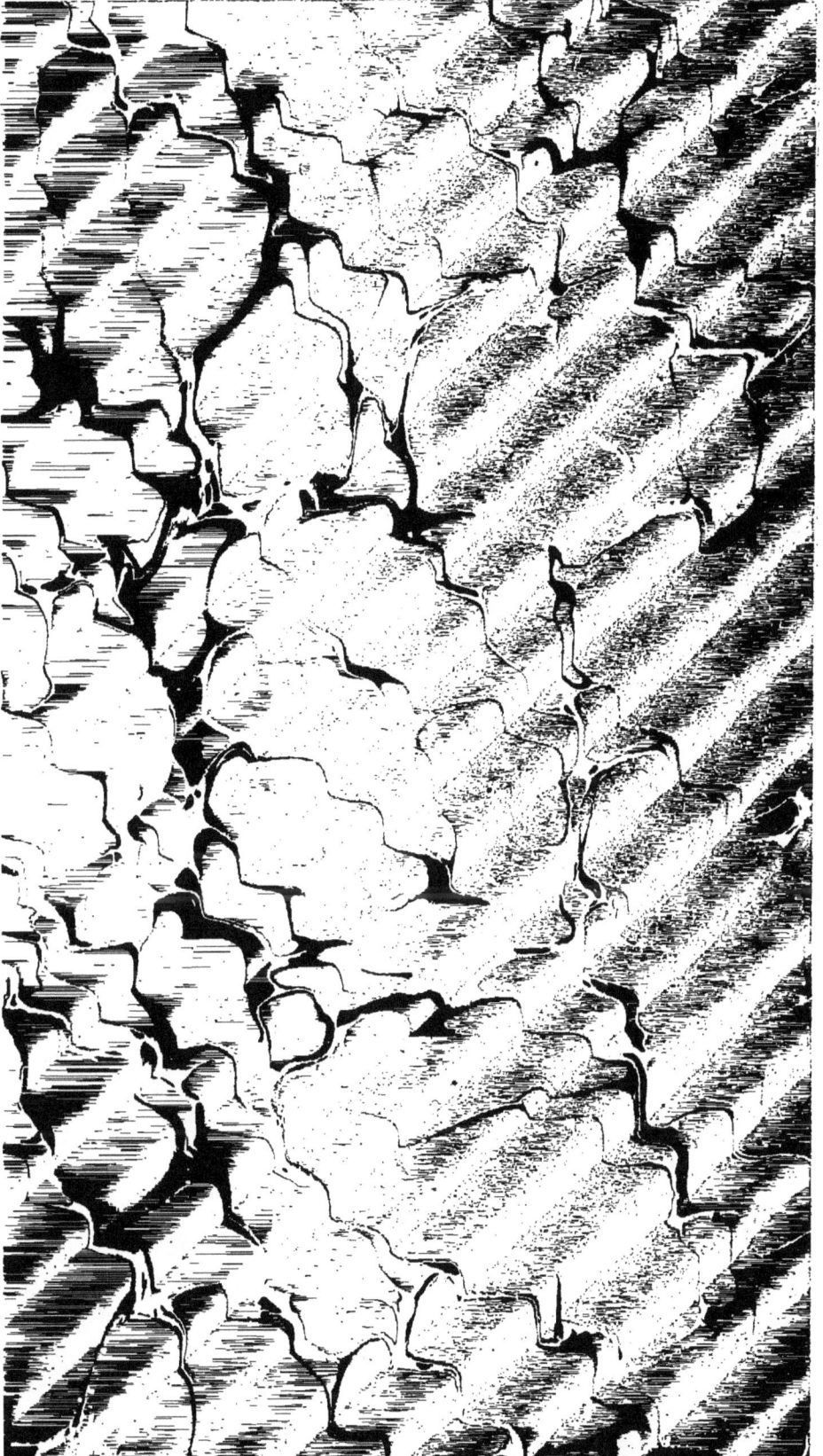

N. FALCONETTI

LES GARDES NATIONAUX
ET
LES SAPEURS-POMPIERS
DE SEDAN
EN 1870

SEDAN
IMPRIMERIE DE JULES LAROCHE
22, RUE GAMBETTA, 22

1896

Ernest Hupin

LES GARDES NATIONAUX

ET

LES SAPEURS-POMPIERS

DE SEDAN

EN 1870

SEDAN
IMPRIMERIE DE JULES LAROCHE
22, RUE GAMBETTA, 22

1896

Hommage et bon Souvenir de l'Auteur

à M. J.-B. Brincourt

et à tous les Gardes nationaux

et Sapeurs-Pompiers

de 1870

AU LECTEUR

Je t'offre, comme appendice au Sedan d'Hier, quelques pages sur les Gardes nationaux sédentaires et les Sapeurs-Pompiers en 1870.

Peut-être liras-tu avec intérêt cette brochurette qui rappelle certains épisodes locaux, agrémentés d'anecdotes et de notes humoristiques.

Ce n'est pas de l'histoire — qui pourrait, du reste, se vanter de l'écrire, dans toute l'acception du terme ? — mais le récit d'une revue rétrospective, dont les acteurs n'ont pas besoin d'être présentés au public sedanais qui se souvient des journées des 30, 31 août et 1er septembre.

Ami et lecteur, inutile d'en dire davantage, mais, en souhaitant de nous revoir encore, je remercie sincèrement tous mes collaborateurs connus et inconnus, et en particulier M. J.-B. Brincourt, à qui je dédie ce dernier écho du Sedan d'Hier.

VERGILES.

Sedan, décembre 1895.

AVANT-PROPOS

—◆—

Le 30 juin 1870, au moment où s'achevait la coupe du foin dans la prairie de Sedan, on prévoyait si peu la guerre que la Société des courses hippiques publiait le programme de sa réunion, laquelle devait avoir lieu le 14 août ! (jour de la fête de l'Empereur !!)

Le mois de juillet fit découvrir le pot aux roses et il fallut bien se rendre à l'évidence.

La guerre de l'homme au « cœur léger » était bel et bien déclarée et l'on put crier à tue-tête dans Sedan, comme dans la France entière du reste : « à Berlin, à Berlin ! »

Le 16 juillet 1870, le sous-préfet baron Pétiet, adressait cette lettre au chef de gare de Sedan :

« Au nom de l'Empereur, nous, soussigné, sous-préfet de l'arrondissement de Sedan,

« Vu les réquisitions de l'autorité militaire représentée par M. le Commandant d'artillerie de la place de Sedan, agissant lui-même en vertu des ordres qu'il vient de recevoir de M. le général de Rochebouette, commandant de l'artillerie de l'armée en campagne,

« Requérons M. le chef de gare des chemins de fer de l'Est à Sedan de mettre à la disposition de l'artillerie de la place, demain 17 courant, un camion des chemins de fer, attelé et trois attelages de deux chevaux, haut-le-pied, le tout rendu dans la cour du château, à neuf heures précises du matin. »

Suivait cette note de la place :

« Cette demande est faite pour faciliter l'armement de la place et en vertu des instructions du général de division inspecteur spécial de l'artillerie, délégué par le Ministre pour l'armement des places frontières.

« Sedan, le 16 juillet 1870.

« *Le commandant de la place,*
« MELCION D'ARC. »

Le 20 juillet, chaleur sénégalienne et départ du 1er de ligne.

Le 21, un avis de la mairie demande 50 travailleurs pour achever l'armement de la place.

Appel est fait, au nom du commandant d'artillerie, aux terrassiers, manœuvres, anciens soldats et anciens artilleurs. On doit se faire inscrire au bureau du garde d'artillerie, au château.

Le 21, un deuxième avis, émanant de la Municipalité, défend de toucher aux pièces de canon placées en batterie sur les fortifications et mises « à la justesse du tir. »

Depuis le départ de la garnison, le service d'ordre et de sûreté de la ville avait été confié aux pompiers de Sedan (capitaine Pierre), auxquels s'étaient joints ceux de Saint-Menges et de Floing.

Le dimanche 21 juillet, durant la distribution des prix aux lauréats du concours de la Société de tir, la note suivante écrite sur une feuille de carnet est apportée :

« Les officiers du 5ᵐᵉ bataillon de chasseurs à pied envoient à M. E. de Montagnac et à la Société de tir leurs compliments bien sincères.

« En chemin de fer en vue de Sedan. »

La distribution était présidée par le sous-préfet baron Pétiet qui remit les récompenses aux deux champions, Knuty, tireur suisse, et J. Stackler.

Le 27 juillet, un nouvel avis de M. Auguste Philippoteaux, a trait à la formation de la garde nationale sédentaire.

Sedan était désigné pour un effectif de 1,700 hommes, mais il s'agissait surtout de former des compagnies d'artillerie ; les inscriptions sont reçues au bureau militaire ou au secrétariat de la mairie.

Une souscription publique faite à Sedan pour les blessés, atteint près de 351,000 francs, mentionne l'*Echo*, qui suspendra sa publication du 25 août 1870 au 9 mars 1871.

Le 4 août, le Maire de Sedan adresse à divers citoyens la circulaire suivante :

« J'ai l'honneur de vous informer que, par arrêté de M. le Sous-Préfet en date de ce jour, vous êtes nommé membre du conseil de recensement provisoire de la garde nationale sédentaire. M. le Sous-Préfet me chargeant d'urgence de l'exécution de son arrêté, je vous prie de vous rendre demain, à dix heures précises du matin, à la mairie.

« Agréez, etc.

« A. Philippoteaux. »

Cette circulaire était la conséquence des ordres formels donnés par le Gouvernement aux Municipalités des places fortes de la frontière, d'organiser des gardes nationales sédentaires. Le Maire en avait informé ses concitoyens par l'avis affiché le 27 juillet.

Le 4, les citoyens désignés pour l'artillerie, recevaient l'avis suivant :

« J'ai l'honneur de vous informer que vous êtes inscrit *comme artilleur*, sur le contrôle de la garde nationale sédentaire qui vient d'être dressée par le conseil de recensement.

« Si vous avez des réclamations à produire, veuillez les faire inscrire sans retard au secrétariat de la mairie et vous présenter au besoin pour les soutenir devant le conseil de recensement qui se réunira pour statuer lundi prochain, 9 de ce mois, à la mairie, à dix heures du matin.

« Recevez, etc.

« A. Philippoteaux. »

Quelques jours après, m'écrit M. J.-B. Brincourt, les deux compagnies d'artillerie de la garde nationale sédentaire étaient formées. L'effectif avait été porté à 400 hommes.

Composition de l'état-major des deux compagnies :

Capitaine adjudant-major : M. Entz (1).

1re compagnie. — Capitaine : M. Meunier-Francourt (2) ; lieutenants : MM. Letellier-Oudart ; Ybert ; Auguste Robert fils.

---

(1) Ancien officier de cavalerie démissionnaire.
(2) Ancien officier de l'armée.

2ᵐᵉ compagnie. — Capitaine : M. Camus (1) ; lieutenants : MM. Allaire (2) ; Brunetière (3) ; J.-B. Brincourt.

Adjudants-sous-officiers : MM. Rossignol ; X... (4).

Maréchaux de logis chefs : MM. Antoine-Lacroix ; Payard-Poterlot.

Maréchaux de logis : MM. Lambert ; Arnould (ne pas confondre avec le marchand de draps) ; Hugot ; A. Lecomte ; Némery ; Ad. Rossignol ; Germain ; Evrard ; Beaurin ; Ernest Gozier, etc.

Fourriers : MM. Aug. Philippoteaux fils ; X...

Brigadiers : MM. Colin ; Viette ; Hupner ; Dury ; Jacoupy ; Lariette.

Voici quelques noms d'artilleurs dont la liste peut être facilement complétée :

MM. Tarpin (un excellent pointeur) ; Thiriet, de Torcy (mort de ses blessures) ; Nanquette père ; Ch. Jacquart ; Pérancy ; Congar (mort de ses blessures) ; Ledain ; Bordes ; Franquin ; Emile Ribis ; Genouille ; Pognon ; Faramond ; Lecarme ; Herpers ; Gandillon ; Léon Pierrard ; Lemaire ; Fiéron ; Lamotte ; Ch. Gilbert ; Houlmon ; Dépaquit ; Hautmont ; Disière ; Noël ; Desban ; A. Dubois ; Ch. Maire ; Collet ; Désoyc ; Malicet dit Chounet ; Jules Laurent ; A. Donnay ; Patez ; Godefrin ; Payon ; Ninnin ; Lotte ; Perrin ; Dabernat ; Masset ;

---

(1) Ancien capitaine d'infanterie.
(2) Juge au tribunal civil.
(3) Ancien officier de l'armée.
(4) Ce nom manque comme d'autres qui reviendront, c'est certain, à la mémoire du lecteur.

Lefort ; Raulin ; Lambert frères, charpentiers ; Baugny ; Pierre Débouché ; Larue ; Mérieux ; Schonseck ; Léon Lefort ; Payen ; Préalle aîné ; Lebœuf, de chez M. Morelle ; Caillet aîné (blessé) ; Em. Ricadat ; Bouteillié ; Lécluse aîné ; Lécluse jeune ; Caillet jeune ; Stoffels ; Verguin ; Dulious aîné ; David Lejeune ; Conrot jeune ; Mazuel ; Eug. Salomon ; Taveneaux-Pirche, etc., etc. (1).

Primitivement placées sous les ordres du lieutenant-colonel de place, M. Melcion d'Arc, les diverses compagnies des gardes mobiles et sédentaires, passèrent sous le commandement supérieur du général de Beurmann, alors qu'il fut nommé commandant de la place et de toutes les troupes qui s'y trouvaient.

Un lieutenant d'artillerie de l'armée active, M. Caniant, qui avait été attaché à la place, fut chargé de l'instruction des deux compagnies d'artillerie. Très raide dans le service, il souleva parfois les murmures des soldats-citoyens parses observations un peu... sèches ! Tous les matins, de bonne heure, les deux compagnies d'artillerie s'exerçaient au canon dans la cour du château-haut ; les soirs, de cinq à sept, on apprenait à marcher, par quatre ou en colonne, soit au Champ de Mars, soit au champ de manœuvres de Torcy. On enseigna bien le pointage facile des pièces lisses, mais peu d'artilleurs, en dehors des anciens, connaissaient celui des pièces rayées et surtout celui plus difficile des pièces de 24. Pour celles-ci et les autres on dut recourir, le jour de la bataille,

(1) Beaucoup d'autres noms d'artilleurs paraîtront successivement.

aux artilleurs de l'armée active qui, isolés, étaient venus se joindre aux soldats-citoyens.

L'armement de la place était, on peut le dire, déplorable : une grande partie des remparts était dépourvue de canons, quoiqu'en disent les Allemands, qui prétendent avoir pris 184 pièces de place (y compris probablement les vieux obusiers de 1814 et autres patraques vénérables, auxquelles convenaient les derniers boulets en pierre, découverts parmi les projectiles du château, en 1870 !!!)

Les embrasures, continue un témoin oculaire, manquaient généralement sur les remparts extérieurs ; il n'y avait pas de blindage (plus que ça de luxe !) et nulle part on ne trouvait d'abris pour les artilleurs. De plus, les munitions (nous ne manquions pas d'un bouton de guêtre !!) faisaient presque complètement défaut. L'armement des remparts avait été fait, en partie, par les soldats du 1er de ligne, mais — nous l'avons dit plus haut — au départ du régiment on dut recourir à des ouvriers, qui, à la solde de la ville, amenèrent et installèrent les canons aux endroits désignés par l'autorité militaire. On engagea les officiers de l'artillerie sedanaise à s'efforcer de faire le nécessaire pour hâter la besogne et on leur donna l'autorisation d'envoyer couper, dans les forêts de l'Etat, des branches d'arbres et des piquets pour blinder les embrasures et confectionner des abris pour les artilleurs et les munitions (1).

(1) Pour éviter une perte de temps, M. J.-B. Brincourt se rendit au village de La Chapelle pour commander à des fabricants de paniers, à l'usage des ferronniers des environs, une trentaine de gabions qui, grâce au précieux concours du brigadier Viette, purent être utilisés.

Mais le temps manquait ainsi que les bras, et les divers travaux, auxquels on fut obligé de se livrer, furent loin d'être terminés au moment voulu.

La première compagnie avait pour mission de défendre le château, les anciens forts environnants et les remparts extérieurs, situés à la porte ou faubourg du Ménil et la rive droite de la Meuse, le Bourrelet ayant été également armé.

La seconde compagnie était chargée de défendre l'enceinte avancée de Torcy, depuis la porte de Wadelincourt jusqu'au Pont-Neuf.

Les lieutenants Letellier-Oudard et Ybert avaient le commandement des artilleurs placés entre la porte du faubourg du Ménil et le Bourrelet.

Le lieutenant Auguste Robert avait la défense du Bourrelet.

Le lieutenant Allaire occupait l'enceinte de la porte de Wadelincourt jusqu'auprès de la porte de Paris.

« Jules Allaire est le frère de l'ex-colonel du 12me hussards et du 20me dragons ; tous deux sont fils — nous écrit un correspondant de Vrigne-aux-Bois — d'un conseiller général du canton de Monthois : leur père habitait au château des Francs-Fossés, où lui a succédé sa fille.

« Jules Allaire, le magistrat qui a laissé, aussi bien que le colonel Ernest, les meilleurs souvenirs à tous ceux qui l'ont connu, a servi activement et très brillamment pendant la guerre. Il fut décoré sur le champ de bataille. Rentré dans la magistrature en octobre 1871, il occupa successivement les postes de juge d'instruction à Nogent-le-Rotrou,

Sens, président à Arcis-sur-Aube, Meaux ; actuellement il est juge et des plus appréciés au tribunal de la Seine. »

Les Sedanais de 1870 avaient surnommé le juge Allaire qui était très grand : *3,75*, c'est-à-dire le « *grand Allaire* », *le thaler* à son cours maximum !!!

Le lieutenant Brunetière avait ses pièces placées entre la porte de Paris et l'angle droit de l'enceinte du côté de Glaire.

Le lieutenant J.-B. Brincourt avait les siennes disposées entre l'angle ci-dessus et la porte de Glaire ; à droite de cette porte il y avait bien une pièce, mais, de là au Pont-Neuf, il n'y avait pas de canons (1).

Le capitaine Entz était au château ; M. Antoine-Lacroix, dit la Colonne, au grand jardin ; M. Payard-Poterlot, au fort des Capucins, etc.

Pendant la funeste journée du 1er septembre, l'artillerie sedanaise avait-elle les moyens d'opérer efficacement contre l'ennemi ? Non ! En tous cas, on ne peut lui refuser d'avoir fait tout ce qu'elle pouvait faire ! ....

Le 28 août, écrit M. François-Franquet (2), en dehors de la compagnie des pompiers renforcés, on avait deux batteries d'artillerie et quatre compagnies de gardes sédentaires ; la gendarmerie à cheval pouvait servir d'éclaireurs ; 1,000 gardes

---

(1) Le matin de la bataille, le lieutenant Brincourt fut envoyé, par le capitaine Camus, derrière la maison Lécluse (faubourg de la Cassine) pour le service d'une pièce isolée.

(2) *Sedan en 1870 ;* la bataille et la capitulation (E. Dentu, 1872).

mobiles, de la vallée de l'Aisne, complétaient la garnison.

Les mobiles, échappés de Sedan après la capitulation, n'iront pas en captivité et ils figureront dignement à l'armée du Nord, où ils se battront jusqu'à la fin de la guerre.

A Sedan, on a conservé le souvenir du commandant Verseau, originaire des Ardennes et qui, portant le brillant uniforme d'officier de turcos, commandait les mobiles de l'Axone.

Le commandant Verseau fut tué, à Saint-Quentin, le 19 janvier 1871, d'une balle dans la tête ; c'était un soldat dans toute l'acception du terme, un type énergique comme en produit encore notre vieille et solide race ardennaise.

C'est Verseau qui commandait les compagnies franches des deux bataillons de la mobile des Ardennes, le matin de la reprise de Saint-Quentin, par la colonne volante de Cambrai.

Ce brave avait la poitrine constellée ; il s'était marié en retraite, la veille de la déclaration de guerre ; rappelé au service, il n'écouta que le devoir et partit immédiatement à l'armée, en quittant l'épouse qu'il ne devait plus revoir.

A propos des mobiles qui se trouvaient à l'affaire de Sedan, d'anciens officiers, sous-officiers et gardes seraient allés villégiaturer du côté de Bouillon, de Dinant ou de Namur, au lieu de réintégrer leurs corps?...

On n'aurait pas mal fait de clouer au pilori de l'histoire de la mobile des Ardennes, les noms de ces lâcheurs, comme de ceux qui ne servirent pas la patrie, quoiqu'étant en état de porter les armes...

Les artilleurs et les gardes nationaux n'ont pas eu à encourir ce reproche, car ceux qui faisaient partie de cette vaillante milice n'appartenaient pas à la catégorie des rappelés et les plus anciens avaient servi très dignement leur pays.

Avant de partir pour l'armée, du Nord, j'ai vu, dans la cour et sur la place du Château, les gardes nationaux sédentaires animés du meilleur esprit ; tous ne jouaient pas aux soldats et semblaient prendre leur rôle plus au sérieux qu'on le pense !

Est-ce à dire que la note joyeuse était exclue des rangs durant les poses des exercices ? Non, et les blagues allaient leur train !

Rien n'était plus curieux, du reste, que cette agglomération des gardes appartenant à toutes les classes de l'échelle sociale !!...

Le bon bourgeois drapier se faisait remarquer par une tenue correcte ; la vareuse en moleton n'allait pas mal à d'aucuns et Brasseur-Lambert, marchand tailleur, avait réquisitionné les ouvriers pour équiper des gardes nationaux et des pompiers volontaires ; mais beaucoup de simples artilleurs n'avaient qu'un képi.

Quelques artilleurs, comme Larue, marchand de vins (décédé depuis ruelle Ricousse) ; Arnould, marchand de draps, rue Saint-Michel, et d'autres avaient le don des charges abracadabrantes et des mystifications colossales.

A ce moment, les abords du palais des princes offraient une belle animation et malgré les mauvaises nouvelles qui étaient dans l'air, on ne se désespérait pas toujours, en écoutant les rapports optimistes du bijoutier Dorigny et du papa Dégahir.

Mais les heures allaient vite, les événements terribles se succédaient à la frontière et l'orage menaçait de plus en plus.

Les artilleurs, les gardes et les pompiers, ne se faisaient plus autant d'illusion et comprenaient ce qu'on était en droit d'exiger d'eux au cas échéant!... Cependant on ne s'attendait pas encore à l'épouvantable *débâcle* qui éclata sur notre ville comme un coup de foudre !..........................

CHAPITRE Ier

Journal de M. J.-B. Brincourt. — **Version d'après M. François-Franquet.** — **Version de M. Henry Rouy.**

Notre compatriote M. J.-B. Brincourt, lieutenant de la 2me batterie ou compagnie de l'artillerie sédentaire, a bien voulu faire, à la demande d'un camarade commun, des recherches dans ses papiers et recueillir auprès de ses amis et connaissances des documents qui ont été très précieux à l'auteur... Il ne faut jamais s'embarquer sans biscuits !

Grâce à M. Brincourt et à tous les Sedanais de cœur, qui ont bien voulu se souvenir, j'ai pu recueillir des notes et impressions tout à fait « vécues » qui paraîtront successivement ; je sais que des « relations » ne s'accordent pas toujours, car chacun a la mémoire plus ou moins fidèle et juge à sa façon. Cela ne m'empêchera pas de suivre le programme arrêté, en présentant, sous un jour nouveau et dans un cadre pittoresque, nos braves artilleurs et pompiers.

Toutefois, les lecteurs qui auraient quelques lacunes à signaler sont priés de le faire le plus vite possible et avec toute la franchise désirable.

Il ne faut pas qu'on dédaigne, à côté d'une action

de bravoure, le menu fait du jour, la saillie spirituelle d'un artilleur, la déconvenue d'un servant peu aguerri et les moindres incidents qui ont leur importance dans une relation de ce genre.

Car, qu'on ne l'oublie pas, c'est une brochurette d'une *saveur bien locale* que l'on a cherché à faire sans le moindre souci de la critique et de ceux dont les noms viendront plus volontiers sous la plume.

Si par hasard il se trouve un mécontent qui lit à l'envers, l'auteur, qui n'a cure de ce genre de lecteur, passera outre et continuera son petit bonhomme de chemin !!!

Maintenant, voici tout d'abord, le plus important document qu'il faut reproduire *ne varietur :*

30 Août, cinq heures du soir. — Les deux compagnies d'artillerie sont réunies dans la basse cour du château, pour aller manœuvrer. Grand mouvement autour d'elles : des pompiers de Balan et de Bazeilles sont là demandant des munitions. On leur laisse la place et les artilleurs se dirigent, par pelotons, vers le petit champ de manœuvres de Torcy. Vers six heures, le général de Beurmann arrive pour assister aux évolutions. Comme beaucoup de mes hommes étaient allés voir passer l'armée française à Douzy et même à Mouzon, je ne pus prendre part aux manœuvres et je restai près du général. Bientôt après, un ouvrier s'approche de moi et me dit : On se bat du côté de Mouzon ; on entend distinctement le bruit du canon ; on voit même des obus éclater à l'horizon. J'avertis aussitôt le général qui, ayant l'oreille un peu dure, n'entend que : « on tire le canon. » Qui donc, me répond-il, se permet de faire tirer le canon sans mes ordres ? Je lui explique alors ce qui vient de m'être dit. Aussitôt le général fait suspendre les manœuvres et tous nous nous dirigeons en hâte sur la porte de Paris. Du haut des remparts, en effet, nous entendons le bruit sourd du canon et très distinctement nous voyons les éclairs des obus dans la direction de Mouzon. Ordre est donné de se reformer et de rentrer de suite au château. Il est six heures et demie et sur notre passage nous rencontrons des citoyens fort animés qui nous parlent d'un combat malheureux vers Mouzon. Arrivés au château, nous recevons ordre de nous tenir prêts au moindre appel; et, très inquiets nous regagnons nos demeures.

31 Août, sept heures du matin. — Les trompettes d'artillerie sonnent de tous côtés le ralliement ; on fait savoir que nous devons, individuellement, et dans le plus bref délai, nous rendre aux postes qui nous sont assignés. Chacun gagne alors la pièce pour le service de laquelle il a été désigné. N'ayant pas encore de munitions pour les canons, ni de cartouches pour les mousquetons, chacun interroge l'horizon. Bientôt nous entendons le canon et la fusillade du côté de Bazeilles, puis nous voyons de la cavalerie qui, venant de Wadelincourt, passait au-dessus du village de Frénois pour gagner les hauteurs de la Marphée ; les avis étaient partagés ; ce sont des Prussiens, disait l'un ; non ce sont des Français, disait l'autre. Armé de ma longue-vue, je gravis la poudrière qui fait face à la propriété Albeau. Pour moi, il n'y a aucun doute, c'est l'ennemi. j'allais redescendre pour communiquer mes impressions aux autres, quand une voix, venant de derrière moi, me dit : Que regardez-vous donc si attentivement ? Je me retourne et me trouve en face d'un intendant (était-ce bien un intendant ?) Je lui tends ma longue-vue, en lui faisant part de mon impression. Mais c'est impossible, s'écria-t-il, l'ennemi n'est pas là, ce sont des nôtres sûrement. Il regarde et constate que nos hommes sont des cuirassiers et des hussards allemands. Atterré, l'intendant (?) de me dire : Que va-t-on faire ? Je ne sais, dis-je, nous sommes ici depuis le matin et j'ignore où est notre armée. L'armée, répond-il. elle se concentre là et il me montrait les hauteurs qui dominent Sedan ; en tous cas, si elle ne s'y trouve pas encore, elle ne peut tarder à y arriver, les ordres sont donnés. Je me demande comment nous allons nous tirer de là ? Ma foi, lui répondis-je, je n'en sais pas plus que vous, mais il me semble que si l'armée prend position sur les hauteurs de la ville il faudrait, dès ce soir, jeter des ponts sur la Meuse, au-dessous de Sedan et, de bonne heure demain, les utiliser, ainsi que les portes de Wadelincourt, de Paris et de Glaire, pour chasser l'ennemi, peu nombreux, paraît-il, qui se trouve là-bas, et marcher sur Mézières. Peut-être bien, répartit l'intendant (?) est-ce l'idée du général en chef, car je viens de voir un équipage de ponts traversant le grand faubourg qui est derrière nous et se diriger vers le Nord (1).

(1) Cet équipage parvint à Mézières dans la journée.

Mon interlocuteur, un peu inquiet, allait me quitter quand je lui dis : Hier soir le bruit courait à Sedan que nous avions eu, du côté de Mouzon, une affaire malheureuse, est-ce vrai ? Très malheureuse en effet, répliqua-t-il ; le 5ᵉ corps s'est laissé surprendre à Beaumont par l'ennemi : il a été battu et c'est pourquoi, au lieu d'aller vers Stenay, on se replie sur Sedan. Du reste, l'Empereur est ici depuis hier soir ; il est à la Sous-Préfecture.

Mon frère, me dis-je, a été vu hier dans l'après-midi au sud de Mouzon ; il fait partie du 12ᵉ corps, il n'a sans doute pas été engagé et peut-être il est en ce moment près de Sedan.

Huit heures et demie. — En entendant le canon et la fusillade du côté de Bazeilles, nos artilleurs commencent à s'inquiéter de n'avoir pas de munitions ; ils réclamaient au moins des cartouches. J'allais trouver le capitaine Camus, qui était en ce moment à la porte de Paris ; il comprit nos craintes et m'autorisa à m'adresser au château pour avoir des munitions pour les canons et des cartouches pour les artilleurs. Au moment d'entrer chez M. de Guer, pour libeller ma demande, j'aperçus mon ami Waharte qui, lieutenant de pompiers, était près de là avec une escouade. Pendant que nous causions sur le talus on attira notre attention sur trois ou quatre cavaliers qui, descendant des petits arbres de Frénois (route des Romains), s'avançaient vers la place par la gauche du tir civil. Ces soldats, armés d'une lance et couverts de manteaux gris, furent pris tout d'abord pour des lanciers français et on les laissait venir, mais Léonardy, qui venait de me rejoindre, m'affirma que c'étaient des uhlans. On cria alors aux soldats d'infanterie qui gardaient la palissade de l'avancée que les cavaliers étaient des ennemis. Ceux-ci firent alors feu sur les hulans qui rebroussèrent chemin au grand galop, pour retourner d'où ils étaient venus. Il nous sembla qu'un d'entre eux avait été touché. Je redescendis alors chez M. de Guer, où je fis ma demande de munitions et je l'envoyai au château. Je rejoignis alors mes hommes pour leur faire prendre patience.

Neuf heures et demie. — Nous entendons, du côté de Donchery gronder le canon et crépiter la fusillade, puis nous voyons sortir de la tranchée de Villette un train lancé à toute vitesse et s'arrêter en gare. Une demi-heure après, nous voyons arriver des zouaves qui viennent prendre place sur les talus. Ils nous disent qu'ils viennent de Mézières, envoyés par le général Vinoy, pour rejoindre leur régiment, le 3e, ils sont 3 ou 400. Ils nous racontent qu'un peu avant le pont de Villette ils avaient essuyé le feu d'une batterie placée sur les hauteurs de la rive gauche de la Meuse, que le train n'a pas été atteint et qu'ils ont riposté par une fusillade partant des portières. Les munitions n'arrivant toujours pas, je retourne à la porte de Paris pour voir si on les a envoyées, ou si elles n'ont pas été prises en route par les autres artilleurs. A mi-chemin, je rencontre les hommes que j'avais envoyés au château ; ils rapportaient 300 cartouches et cette réponse : « Les artilleurs ! Si on voulait les écouter, il faudrait tout leur envoyer ; » pour les canons, il n'y avait rien. On se partage des cartouches et chacun se sent un peu plus rassuré ; quoique le canon tonne toujours vers Bazeilles qui commence à brûler. L'après-midi se passe sans incidents, la nuit vient et toujours rien pour les canons. Le combat vers Bazeilles a cessé. Je fais une tournée aux pièces que je trouve bien gardées. Au moment où je montais le talus, sur lequel était placée l'avant-dernière pièce, près la porte de Glaire, un garde national qui faisait partie du poste de la porte et qui était en faction sur le rempart, croise la baïonnette et me menace de tirer si j'avance. Je me rendis au poste et le sergent sur mon ordre fit rentrer ce factionnaire qui me paraissait passablement ému. Peu après un régiment d'infanterie de marine vient camper dans les terrains vagues qui se trouvaient entre nous et le couvent de l'Assomption. Les feux s'allument, on fait la soupe. Vers onze heures, le lieutenant-colonel Melcion d'Arc arrive près de la porte de Glaire, s'informe où se trouve le régiment d'infanterie de marine et donne l'ordre à son colonel de se porter immédiatement du côté de Balan. Au moment de quitter le colonel Melcion d'Arc, je lui raconte l'affaire de mon garde national ; il entre au poste et dit que les consignes sont mal données puisqu'on empêche les artilleurs de circuler sur les remparts, alors qu'ils devraient y être seuls, et termine en enjoignant au sergent de faire conduire de suite au château le garde national trop zélé. Ce qui ne fut pas fait, assurément. Pendant ce temps, un parc d'artillerie et un troupeau de bœufs arrivaient s'installer sur le champ de manœuvres;

le bétail circule en liberté, au milieu des fourgons et des charrettes. Il est près de minuit, tout à coup, une vive fusillade éclate sur les talus qui sont presqu'en face du cimetière (ancien) de Torcy. Zouaves et artilleurs font feu, sans ordre, dans la direction de l'avancée de la porte. On finit cependant par arrêter cette fusillade, exécutée, disait-on, contre des ombres circulant aux abords. Or ces ombres, qu'on supposaient ennemies, étaient des soldats français faisant partie d'une patrouille française envoyée, je ne sais d'où, pour explorer les abords des remparts. L'erreur reconnue, on se précipite sur la porte et on fait rentrer ces malheureux. Plus de 100 coups avaient été tirés : un sergent avait le bras cassé, un soldat était blessé à la jambe. Peu de temps après, une compagnie de francs-tireurs Mocquart vient se placer entre nous et le pont; ils s'adossent au talus et bientôt des feux indiquent que la cuisine est en train. Je me dirige vers ces francs-tireurs, presque tous décorés et portant la capote grise : ce sont des hommes dans la force de l'âge. Ils me disent qu'ils ne sont pas bien utilisés, qu'on les fait marcher comme des troupes ordinaires, tandis qu'ils devraient éclairer l'armée.

Je les quitte, il est près de une heure ; en arrivant à la porte de Glaire, à la lueur de la lanterne du poste, j'aperçois un cuirassier venant de Torcy à pied ; il a son casque, mais pas de cuirasse. Me portant à sa rencontre je lui demande à quel régiment il appartient ?

— Au 5e, dit-il. — Alors pouvez-vous me donner des nouvelles d'un de vos chefs, le commandant

Brincourt ? — Le commandant, il a été tué hier soir à Mouzon !!! (1)

Tout à coup une effrayante détonation se fait entendre du côté de Villette. Qu'est-ce ? Instinctivement, nous gravissons les talus, mais nous ne voyons rien, rien qu'une toute petite lumière à l'horizon sur la Croix-Piaux. En retournant à nos postes, par contre, nous voyons toutes les hauteurs qui sont au-dessus de Sedan couronnées de feux de bivouacs ; nous entendons même très distinctement les clairons et les trompettes. Quel contraste ! Du côté de Bazeilles, qui brûle toujours, l'horizon est enflammé. La nuit, d'abord claire, s'obscurcit ; un léger brouillard nous entoure et nous glace.

1er Septembre, quatre heures et demie. — Le canon se fait entendre du côté de Bazeilles, puis sur toute la ligne, de la Garenne à La Moncelle. On entend le crépitement aigu des mitrailleuses, la bataille est commencée sans doute, et nous n'avons toujours pas de munitions.

Six heures et demie. — Le brouillard tend à disparaître, le capitaine Camus vient me donner l'ordre de me rendre avec quelques hommes derrière la maison Lécluse, faubourg de la Cassine où une pièce de canon, qui s'y trouve, n'est pas gardée ; il me promet de m'envoyer des munitions

---

(1) Le 28 août, au moment de quitter Rethel, voyant l'émotion d'une parente qui lui manifestait ses craintes, il lui répondait par le refrain du chant des Girondins.
Le 30, dans la matinée, il m'adressait une lettre (arrivée 15 jours après), qu'il terminait ainsi : « A demain, si les Prussiens le permettent ! » Etaient-ce là des pressentiments ?

aussitôt qu'il le pourra. Nous partons, et à peine parvenus au pont, nous entendons tirer du côté de la Porte de Paris. Nous gagnons notre pièce qui, en effet, n'est nullement gardée. Nous nous installons autour du canon et nous attendons. En entendant nos pièces tirer, chacun émet son opinion sur l'endroit d'où partent les coups. Bientôt ordre nous arrive d'envoyer chercher des munitions ; quelques hommes partent et vers sept heures et demie ils reviennent avec un écouvillon, des étoupilles, un boulet et sa charge et deux boîtes à mitraille. Recommandation est faite, disent les porteurs, de ménager les munitions !

La bataille s'accentue ; c'est une canonnade constante. Le château et les remparts commencent à tirer davantage. C'est le Palatinat, c'est le Fer à Cheval, c'est à la Porte de Paris, dit-on. N'ayant pas à faire comme les camarades, puisque nous n'avons pas d'ennemi en vue, nous passons notre temps à tâcher d'apercevoir les obus qui nous passent au-dessus de la tête. La matinée se passe ainsi ; après midi, MM. Lécluse, qui sont tout près de leur maison, me demandent à aller y chercher quelques vivres. Accordé. Bientôt ils nous reviennent ; au moment où ils entraient dans leur cour, un obus y tombait.

Les obus, qui nous passaient au-dessus, étaient lancés, par une batterie placée à gauche du château de Bellevue, jusque sur le champ de bataille. Etant à plus de 1,800 mètres, nous ne pouvions riposter avec notre canon lisse, d'autant plus que nos munitions étaient fort restreintes. Il fallait les conserver pour un usage plus sûr. On ne chargea donc pas la pièce et on attendit. Des soldats, qui passent derrière nous, nous disent que Mac-Mahon a été blessé. Tout à coup nous voyons un projectile rond, venant probablement des batteries qui nous font face, tomber entre le cimetière de Torcy et la Meuse ; il roule quelques mètres et, à son arrêt, nous voyons s'en échapper une fumée noire et épaisse, mais il n'éclate pas. Qu'est-ce ? Nous le comprenons bientôt, en voyant des flammes du côté du Dijonval, c'est la maison d'habitation qui brûle. Le projectile rond était une bombe incendiaire. Peu après, surgit près de nous un capitaine d'artillerie de l'armée qui, brusquement, me dit : Pourquoi ne tirez-vous pas sur cette batterie (celle de Bellevue) qui envoie ses obus jusque sur le champ de bataille ? Pourquoi ? mais, capitaine, avec une pièce lisse et un seul boulet, comment voulez-vous que nous tentions d'éteindre le feu de l'ennemi ! Voyez ce canon, voyez toutes nos munitions. Le capitaine s'assura de mes dires, comprit notre impuissance et nous dit, en s'en allant : C'est mon affaire, alors. Un quart d'heure après, une batterie française prenait position à notre droite et au-dessous de nous. Etait-ce celle du capitaine ? Toujours est-il que le feu commença bientôt. Au premier coup, l'obus éclate à mi-chemin de la batterie ennemie ; un deuxième s'en rapproche ; un troisième, encore davantage ; enfin le quatrième donna en plein sur elle. Le tir était réglé ; au vingtième coup, la batterie ennemie disparaît (1).

(1) Elle avait assez souffert et était descendue vers la Meuse pour se mettre à l'abri, m'a dit le jardinier du château Paret.

Le capitaine, qui venait de si bien opérer, attend un quart d'heure, et comme la batterie ennemie ne reparaissait pas, il disparaît à son tour. Mais, une demi-heure après, voyant que la batterie française s'est éloignée, l'ennemi reparaît, reprend ses positions et recommence le feu, le tendant pour atteindre le champ de bataille, le raccourcissant pour envoyer de notre côté des obus qui éclatent soit dans les maisons voisines, soit contre les murailles d'Asfeld où cependant est arboré le drapeau d'ambulance. Depuis près de deux heures, une grande circulation de soldats et d'officiers de toutes armes et débandés, s'opère derrière nous, de la porte de la Cassine au Pont Neuf.

C'est un va-et-vient continuel. Des soldats qui, comme nous, sans doute, meurent de faim, abattent des chevaux qu'ils dépècent et font cuire Le feu de la porte de Wadelincourt et de celle de Paris augmente. On vient placer sous le Pont Neuf, et sur le chemin de halage, une pièce de canon ; elle est tournée du côté de Gaulier ; des soldats, en grand nombre, se massent au-dessous de nous, le long de la rivière. Tout à coup, un officier d'artillerie, sans képi, le visage altéré, se précipite vers nous venant du pont ; il crie aux soldats qui sont près de nous et à ceux qui sont en bas : regagnez de suite la porte de la ville, et s'adressant à moi : Sauvez-vous, sauvez-vous, on va faire sauter le pont. Faire sauter le pont ? et pourquoi ? — Est-ce que je sais, sauvez-vous, dans quelques minutes vous allez être écrasés ! Je me redresse, et sur le pont même, je vois une fumée noire et épaisse qui s'en dégage (1). En quelques secondes, nous sommes bousculés, entraînés par une foule de soldats qui fuient le Pont Neuf et nous nous trouvons rejetés, par la trombe, sur la porte de la Cassine. Dans le faubourg, un encombrement tel qu'on ne peut avancer ; infanterie, cavalerie, artillerie, voitures de toutes sortes sont tellement serrées qu'on est à chaque pas menacé d'être écrasé, d'autant plus que de la porte une foule de fuyards se précipite au dedans ; des obus renversent des cheminées ; on entend des cris ; c'est une rumeur épouvantable. Petit à petit, passant sous des voitures, sous des chevaux affolés, je gagne du terrain. En passant devant le Dijonval, dont les portes sont ouvertes, je suis rejeté dans la cour. Des hardis pompiers sont sur les toits, au milieu des flammes qu'ils s'efforcent d'éteindre ; enfin j'arrive au pont rouge, mais là encore je suis rejeté dans la direction du vieux port. En ce moment une véritable grêle de balles, mortes heureusement, tombe dans la Meuse, venant de la porte de Paris. Au bout d'un quart d'heure, je puis me dégager de la foule qui encombre le bord de la rivière et péniblement, j'arrive chez moi ; j'avais mis près d'une heure pour y arriver. Les miens étaient partis la veille, tout au matin, pour Herbeumont, je suis donc seul dans la maison !..

....

Après l'intéressant journal qui précède, voici

---

(1) J'ai su plus tard que c'étaient des bombes incendiaires destinées au Dijonval.

quelques emprunts faits au livre de M. François-Franquet :

« *Le 31 août matin* les Bavarois bombardent déjà Bazeilles du plateau du Liry et l'on croit bénévolement que les nôtres étaient là-haut !

« La mitrailleuse et la fusillade nourrie prennent part au concert.

« Le 34me de ligne veut s'opposer au passage de la Meuse par les Bavarois ; l'artillerie du Liry balaye le 34me. Mais nos mitrailleuses, placées sur le terre-plein du château Legardeur, déciment les habits bleus avec l'aide de l'infanterie de marine.

« Bazeilles brûle dans le bas, l'infanterie de marine reste maîtresse du village, et durant la nuit, organise la défense des rues.

« *Le 1er septembre,* de grand matin, les premières troupes du Prince royal de Prusse gagnent Fresnois et la Croix-Piaux ; elles ne viennent que bien après des uhlans qui, à la faveur du brouillard, se sont avancés jusqu'à Bellevue.

« Enhardis par le mutisme de la forteresse et l'abandon de la rive gauche de la Meuse, les Bavarois arrivent à leur tour, descendant de la Marphée, et s'établissent dans les maisons voisines de la gare.

« La place fait feu pour les en déloger.

« Les batteries bavaroises établies sur la Marphée (au point culminant du chemin des Romains et de la route de Wadelincourt) sont les seules qui aient bombardé la ville.

« Les obus de la Marphée et ceux du Château se croisent. Le Dijonval est en feu, la terreur gagne la population, tandis que les pompiers vont sur les lieux du sinistre en passant difficilement au milieu des rues que traversent des trains accumulés et des caissons remplis de poudre.

« Les projectiles tombent dru en ville et vont aussi frapper nos soldats sur le plateau de Floing et dans la Garenne.

« Le 31, dans la journée, des artilleurs de la garde nationale, qui étaient à leurs pièces sur le rempart de Torcy, avaient vu défiler des colonnes de cavalerie se dirigeant sur le village de Fresnois.

« Deux fois le capitaine d'artillerie avait signalé au maréchal de Mac-Mahon et à la place cette approche provocante de l'ennemi ; et deux fois on lui avait recommandé de ne pas tirer sans ordre, à moins qu'on ne fut attaqué !

« Mais le 1er, au point du jour, ou plutôt dès que le brouillard du matin, qui les masquait, se fut dissipé, on remarquait à la Marphée, sur le mamelon le plus rapproché de la ville, à 1,800 mètres, les traces d'un terrassement.

« Les uhlans s'emparent de la gare abandonnée et l'infanterie ennemie vient braver nos artilleurs de la porte de Paris.

« C'est alors (7 heures du matin !!) que partent de la place les premiers coups de canon qui forcent l'ennemi à abandonner ses retranchements.

« Mais, à l'instant même, les batteries de la Marphée se démasquent, répondent par un feu convergent et couvrent de projectiles les pièces qui peuvent tirer entre la porte de Wadelincourt et celle de Paris.

« Des deux côtés le feu continue et s'anime et

obus à pointe de feu embrasent le Dijonval. Ces 3 bombes incendiaires étaient destinées à la sous-préfecture.

« Les pompiers ont fait l'impossible pour éteindre l'incendie de cet hôtel, mais il fallut laisser le fléau accomplir son œuvre.

« C'est le seul immeuble incendié durant la bataille par les obus........................
.... »

En 1879, mon confrère, Henry Rouy, publiait *Sedan pendant la guerre et l'occupation (1870-71)*.

Après avoir rappelé les avis de la Municipalité ayant trait à l'appel de la garde nationale, il écrit :

« Les enrôlements pour la garde nationale étaient depuis deux jours ouverts à la mairie. En vue de les faciliter à ceux que pouvait éloigner la dépense de l'habillement, la Municipalité fait part, dès le 29, que l'uniforme ne sera pas obligatoire pour le moment et sera réduit à un simple signe distinctif. Les volontaires déclaraient dans quelle arme, l'artillerie ou la ligne, ils désiraient entrer et le conseil de recensement tenait compte, autant que possible, de ces demandes dans l'ordre où les engagements étaient contractés. Pour cette première organisation, fixée provisoirement à cinq ou six cents hommes, on appelait surtout encore les anciens soldats. Si le nombre des engagements était insuffisant, un conseil de recensement devait fonctionner d'office sans aucun retard. On n'en eut pas besoin ; les volontaires vinrent d'eux-mêmes et l'on put les voir manœuvrer tous les soirs vers quatre heures, avec entrain, sur la place Turenne ou dans le quartier de la Sorille, ou monter successivement la garde sur nos remparts.

« Nous sommes au mois d'août et le Conseil municipal vient d'être renouvelé (1).

« Le 9 août, la Municipalité appelle dans la cour du château, les citoyens âgés de 30 à 40 ans, non incorporés dans les deux compagnies d'artillerie composées la veille.

« Le 12, les hommes non mariés ou veufs sans enfant, âgés de plus de 25 ans et de moins de 35, qui avaient reçu des fusils doivent les rapporter sans retard après l'appel ministériel fait au patriotisme des populations pour former des compagnies de gardes nationaux volontaires et de francs-tireurs

« Le 17, le préfet remercie les pompiers volontaires de l'arrondissement du patriotique empressement avec lequel ils se sont offerts pour se rendre à Paris.

« On reçoit l'armement et les cartouches pour tous les gardes nationaux de l'arrondissement et l'on procède à l'élection des cadres.

« Le 28 août, une fausse alerte met la ville en mouvement et l'on commente l'arrivée et le départ du prince Loulou.., le héros de Saarbruck.

« Le 29 août, une proclamation de M. A. Philippoteaux déclare que des fusils ont été conservés

(1) Il convient ici de rappeler la composition de notre assemblée municipale ; la voici :
MM. Ch. Cunin ; Vincent Gaillard ; Ch. Malinet ; E. de Montagnac ; Ch. Letellier ; E. Gollnisch ; Morin-Maissin ; Martinot ; A. Philippoteaux ; Ch. Bertèche ; L. Talot ; Dr Thomas ; H. Vesseron ; L. Buart ; Benoit aîné ; Jacquemin-Michel ; Ang. Robert ; Ernest Ninnin ; J.-B. Hulot ; L. Amour ; Isaac Villain ; Mazuel ; J.Varinet ; Berthe-Wéry ; Parent-Mary ; Guillaumet et Wuillème-Lambert.

par des citoyens qui n'appartiennent pas à la milice sedanaise.

« La nécessité de la remise immédiate des fusils est, en outre, constatée par cette circonstance, que la plupart de ces généreux volontaires étaient si peu expérimentés qu'ils ont chargé leurs fusils d'une manière qui compromet l'arme elle-même ou qui peut amener de sérieux accidents (1). »

L'auteur passe rapidement sur les événements des 30, 31 août et 1er septembre et il arrive à la capitulation :

« Ce que l'histoire dira encore, ce qu'elle répétera, c'est que malgré les efforts de son digne commandant, le général de Beurmann, qui s'était dévoué au moment suprême, malgré le courage et le patriotisme de sa garde nationale et de ses habitants, malgré les soins empressés que, tout entière, elle apporta aux blessés (2), la place de Sedan fut comprise dans la capitulation de l'armée, sans avoir été consultée et sans qu'aucune condition ait été stipulée en sa faveur (3).

---

(1) Cela rappelle les pauvres mobilisés de l'armée du Nord qui prirent part à plusieurs combats sans pouvoir se servir de leur fusil à percussion ! 90 sur 100 ne connaissaient pas le chargement du flingot. (Historique !)
(2) Comme elle fera encore au moment de l'évacuation.
(3) Protester eut été inutile ! Est-ce qu'on avait consulté l'armée qui était restée ignorante de la capitulation ? C'est ainsi qu'en 1870, plusieurs généraux et officiers de tous grades, internés à Stettin, protestaient par une lettre au *Pall-Mal-Gazette* contre *la perfidie et la trahison de Napoléon III*.
Parmi les signataires, nous trouvons : M. Thau, chef d'escadrons, commandant l'artillerie de Sedan et M. Vallet, capitaine du génie de Sedan.
Ces Messieurs, lisons-nous dans l'*Etoile belge* du 2 octobre, prévenus de la capitulation trois et même quatre jours après sa signature, ont refusé avec indignation l'engagement de ne pas prendre les armes contre la Prusse pendant la durée de la guerre actuelle ; ils ont préféré se constituer prisonniers de guerre.

« Les gardes nationaux avaient le 1ᵉʳ septembre montré beaucoup de bonne volonté, de zèle, d'habileté même ; mais que faire avec des canons à âme lisse et des munitions insuffisantes ? Les pompiers et maints habitants s'étaient portés, à travers mille dangers, sur les points où les incendies éclataient. Toutes les maisons s'étaient ouvertes pour recevoir les blessés qui arrivaient en foule ; la ville était une vaste ambulance.

« Pendant la bataille, quels étaient, sur nos murailles menacées, ces hommes résolus, affrontant, bien que mal armés, et pères de famille pour la plupart, les projectiles de l'ennemi ? C'étaient les gardes nationaux de la ville empressés de concourir, au péril de leurs jours précieux, à la défense de la Patrie.

« Sur nos toits qui s'allumaient, qui voyait-on grimper si hardiment pour éteindre les flammes ? C'étaient nos sapeurs-pompiers, accomplissant avec leur intrépidité ordinaire, la plus arduc des tâches et la plus dangereuse. ».............

On pourrait citer d'autres historiens ou chroniqueurs. Il vaut mieux continuer le récit par des documents émanant de personnes dignes de foi et de témoins qui se souviennent !................

CHAPITRE II.

Lettres de M. Payard-Poterlot et d'un anonyme. — Le drapeau blanc et le récit d'un témoin oculaire. — Artillerie allemande jugée par un officier supérieur de l'artillerie française le 17 septembre 1870. — Georges Bastard et lettre de M. Brincourt. — Réponse de M. Biot, etc., etc.

« Reims, le 9 novembre 1895.

« Monsieur J.-B. Brincourt,

« Sedan.

« Je regrette de n'avoir pas répondu plus tôt au questionnaire que vous m'avez adressé en date du 21 octobre dernier.

« J'ai eu entre les mains, il y a quelques mois, le *Carnet de service* sur lequel étaient inscrits les noms des artilleurs composant la batterie à laquelle j'appartenais ; j'ai fait les recherches les plus minutieuses et n'ai pu le retrouver. Je le regrette d'autant plus que c'était un des souvenirs auquel j'attachais un certain prix, comme souvenir d'une époque douloureuse.

« Ma mémoire n'est plus suffisante pour me rappeler les noms des hommes que j'avais sous mes ordres, mais vous pourriez voir MM. Franquin et Pérancy, tous deux fabricants de draps à Sedan, qui vous aideraient dans vos recherches. Le lieutenant d'artillerie active qui avait été chargé de l'instruction des deux batteries se nommait Caniant. Moins heureux que nous, il fut fait prisonnier et interné à Cologne où je lui fis parvenir ses effets par un officier de landwher qui logeait chez moi. Le capitaine de ma batterie était M. Camus (1), ancien officier retraité, ayant pour lieutenant M. Brunetière. Comme maréchal des logis, j'avais été détaché au fort des Capucins, au-dessus de l'hôpital militaire ; c'est là que durant le courant de l'après-midi fut arboré le drapeau parlementaire que les soldats débandés, qui avaient trouvé un refuge dans les fossés, saluèrent de plusieurs coups de feu sans atteindre heureusement les malheureux chargés d'obéir à un ordre aussi pénible.

« J'eus le plaisir dans la matinée de pouvoir soustraire aux ennuis de l'inaction une compagnie d'artilleurs qui avaient perdu l'avant-veille leurs mitrailleuses à Beaumont et leur faire rejoindre la porte de Paris pour grossir les rangs de mes camarades.

« Vers cinq heures du soir (?) et sur l'ordre du général de Beurmann, près duquel je me trouvais, je fis cesser le feu de la batterie du fer à cheval desservie par l'armée active. Les braves artilleurs, qui la composaient, tiraient sans relâche et ils ont dû

(1) Il était le frère de l'instituteur communal de la place de l'Isle ; en dernier, le sympathique capitaine Camus habitait avec une parente, maison Michel, ancienne place Verte ; c'était un excellent homme, très alerte, se promenant toujours le matin sur la digue, le soir sur les hauteurs et aimant à causer. Il est mort à un âge assez avancé.

faire éprouver des pertes à l'ennemi. Une heure plus tard, toujours par les ordres du général, je fis le tour des remparts en donnant l'ordre à tous les artilleurs de rentrer chez eux et de faire disparaître leurs insignes. Ainsi se terminait pour nous cette journée néfaste dans l'histoire « où tout fut perdu fors l'honneur !!! »

« Tout à vous,

« PAYARD-POTERLOT. »

*
* *

Lettre d'un anonyme à l'auteur.

« Me référant à votre demande parue dans les journaux locaux et concernant les artilleurs sédentaires de notre ville en 1870, j'ai l'avantage de vous donner quelques renseignements sur la *batterie des Capucins* et qui me sont fournis par l'un de ceux qui y étaient. Quoique âgé de 44 ans à cette époque et n'ayant jamais servi que dans les vitriers (ci-devant les chasseurs d'Orléans), il fut, comme beaucoup de pères de familles, bombardé artilleur et désigné pour *la défense des Capucins*, sous les ordres de M. Payard-Poterlot, maréchal des logis.

« Là se trouvaient MM. E. Franquin; Jacquard; Barré-Démazy ; F. Desoye ; Albert Berthe ; Eug. Klein ; Pierre Raux ; Tavernier ; Hennedouche, de la place d'Harcourt ; Comilia ; Détré ; Pérancy ; Pitoizet ; Henri Gippon et un employé de la Banque de France dont le nom m'échappe.

« Presque tous ne savaient guère ce que c'était qu'un canon, mais ils étaient armés d'un ancien fusil et coiffés d'un képi dont on leur avait donné l'ordre de se munir !

« Sur le rempart, on sablait les crûs généreux offerts par un artilleur, histoire de tuer le temps ; on passa assez bien la nuit du 31 août au 1er septembre, les uns près d'une poudrière, d'autres dans le lit nuptial et les plus ardents sur l'affût du canon. — Mais là, ces derniers, imitant le jeune Turenne, étaient l'exception !!...

« Ceux qui étaient restés à leur poste furent rejoints par les *lâcheurs* et la journée du 1er, commencée par la canonnade, fut trouvée très longue par d'aucuns qui n'avaient pas de nouvelles des leurs restés à la maison.

« Vers huit heures du matin, un capitaine d'état-major, envoyé par l'Empereur, demanda aux artilleurs combien il y avait de pièces braquées dans la direction de Daigny et Givonne ?

« Le capitaine se fit accompagner par l'artilleur Franquin (Eugène) pour s'assurer du nombre de pièces qui pouvaient se trouver aux Capucins, au Château, au Grand-Jardin, etc.

« Dans la nuit du 31 août au 1er septembre, M. Comilia — qui était couché sur le coin de la poudrière — a été réveillé en sursaut par une forte explosion et il est arrivé au poste après avoir essuyé quelques coups de fusil dont il ne fut pas atteint heureusement.

« Les artilleurs de la batterie avaient vu brûler le Dijonval et avaient essuyé, durant la journée, force projectiles.

« Tel fut le rôle effacé qu'ils jouèrent dans cette triste journée où ils avaient reçu la visite d'officiers et de soldats qui se demandaient, les braves, pourquoi on ne les faisait pas sortir de cette enceinte, prêts qu'ils étaient tous à donner leur vie jusqu'au dernier...

« Si la batterie qui nous occupe est restée à peu près inactive, il n'en est pas de même de toutes et vous pourriez avoir à raconter des prodiges de valeur de certaines et surtout celle de la porte de Paris où, parmi les artilleurs sedanais, Congar et Thiriet furent mortellement atteints et Edmond Hugot (aujourd'hui agent général de la Société de Secours mutuels) blessé de cinq éclats d'obus à la tête, du côté de Wadelincourt.

« Je ne vous parlerai pas du rôle qui fut imposé à tous, les jours qui suivirent la reddition de notre malheureuse cité. Les combattants de la veille et beaucoup d'habitants valides furent armés de pelles et de pioches pour enterrer les cadavres d'hommes et de chevaux dont l'état de décomposition était devenu intolérable....................... »

A propos du maréchal des logis, M. Payard, qui était filateur à Holly, un témoin oculaire, un Sedanais, a raconté le fait suivant extrait d'un ouvrage de Pierre Véron (1).

« Il était près de trois heures du soir, lorsque le maréchal des logis chef (de l'artillerie sedanaise), M. Payard, commandant la batterie placée au fort des Capucins, vit un capitaine d'état-major suivi

(1) *La troisième invasion*, tome Ier p. 276. Cette version a fait le tour de la presse européenne.

d'un hussard, portant un drapeau parlementaire, pénétrer dans les retranchements. « Nous sommes donc vainqueurs, dit le commandant de la batterie ? » — « Je n'ai rien à vous dire, répondit l'autre ! » — « Mais je commande ici, qu'y venez-vous faire ? » — « J'y viens par ordre de l'Empereur, répliqua l'officier, » puis il ordonna au hussard de se placer sur le haut du talus et d'agiter le drapeau.

« A cette vue plus de 3,000 soldats réunis dans les fossés et sur la contrescarpe, où continuaient à tomber les projectiles ennemis, poussèrent une clameur formidable...

« *Non! Non!* criaient-ils *nous ne voulons pas nous rendre !* »

Et pour accentuer leur refus, ils tiraient des coups de fusil sur le drapeau qui fut percé de balles.

Le guidon ne fut pas atteint.

Le fort des Capucins n'avait que des canons braqués sur la Garenne et sur Floing, lesquels forcément restèrent muets !

« Mais les grosses pièces du Fer-à-Cheval ripostaient toujours aux batteries de la Marphée et le général de Beurmann ne pouvait parvenir à faire cesser le feu, malgré le drapeau parlementaire qui avait été hissé au vieux château par le général Faure, aide de camp de l'Empereur... »

* * *

Voici une poésie qui a été publiée le 13 fevrier 1873, dans le *Juvénal*.

Le Drapeau blanc du 1ᵉʳ Septembre.

Des gardes-citoyens attendaient, à leur pièce,
    Des ordres qui n'arrivaient pas ;
Les obus décrivaient sur la ville en détresse
    Leurs grands arcs tracés au compas.
Le vieux château tremblait sur ses tristes assises ;
    Murailles, bastions et forts
Sous le feu des canons baissaient leurs têtes grises,
    Après d'inutiles efforts !
Le soleil enflammait de ses rayons superbes
    Les casques, les armes au loin ;
Bois, plaines, champs dorés, tout pétillait. — Des gerbes
    De feu partaient de chaque coin.
Les rudes hallalis, les sinistres vacarmes
    Couvraient clairons, caisses, tambours !
Les lourds canons grondaient ; des voix pleines de larmes
    Répondaient à leurs longs coups sourds !
La rage était partout, dans l'épaisse mêlée,
    La poudre, avec l'odeur du sang,
Suffoquait nos marsouins ! — L'atmosphère ébranlée
    N'était qu'un cercle incandescent !
Cuirassiers et chasseurs, dans d'immortelles charges,
    Allaient grossir les tas de morts ;
Leurs coursiers éventrés dans les ravines larges
    Tombaient sous l'étreinte du mors !
Des héros par milliers jonchaient le sol horrible,
    La tête exposée au soleil.
La mort allait partout, calme, froide, irrascible,
    Tournoyant son long fer vermeil.
La nature semblait consternée et meurtrie;
    Mais rien n'arrêtait nos soldats !
Honneur, drapeau, courage, amour de la patrie,
    Conduisaient leurs vigoureux bras !

Et nos braves soldats, poussés dans la retraite,
    Vers les murs, ces mornes écueils,
Venaient tous se heurter, victimes de la traite,
    Aux caissons, comme à des cercueils !
Ils roulaient dans l'abîme avec les projectiles
    Qui les frappaient de tous côtés.

O lions des combats, vos efforts inutiles,
　　Et cependant si redoutés,
Etonnaient l'ennemi supérieur en forces !
　　N'étiez-vous pas un contre dix ?
Et vous luttiez, hélas ! quand le dernier des Corses
　　Songeait à vendre son pays !!!
Quand un drapeau flottait au-dessus de vos têtes,
　　Insultant à vos chassepots,
Que vous deviez souffrir, ô généreux athlètes !
　　Quand une voix cria ces mots :
« Non ! non ! pas de drapeau, nous ne voulons nous rendre ! »
　　Et de vos fusils des éclairs
S'élançaient vers le guide auquel on faisait tendre
　　Un affreux drap blanc dans les airs !
Les pièces de vingt-quatre, au château de Turenne,
　　Ebranlaient par un dernier coup
Les échos effrayants de la vaste garenne
　　Où tous les morts restaient debout !

Trois heures lentement grinçaient à la paroisse,
　　Comme le combat s'apaisait :
Sedan terrifié secouait son angoisse ;
　　La Marphée enfin se taisait !
Ses canons noirs de poudre, aux bouches effrayantes,
　　Fumaient toujours, prêts à vomir ;
Instants cruels, ô trêve aux minutes navrantes !
　　Partout on entendait gémir.
Et César annonçait à son glorieux frère
　　Son infâme reddition !
Le drapeau blanc flottait sur ce bouillant cratère
　　Où pleurs et désolation
Se mêlaient aux hourras, aux longs cris de victoire
　　Que nos aveugles ennemis
Poussaient en s'enivrant, oubliant que la gloire
　　Ne s'acquiert pas à ce prix !
Et nos soldats, honteux d'une telle défaite,
　　Criaient tous à la trahison,
Les yeux sur le château qui portait sur son faîte,
　　Le signe de la livraison.

Appréciation d'un officier supérieur d'artillerie.

En feuilletant des paquets d'extraits de journaux de 1870, ayant trait à la bataille de Sedan, je retrouve la curieuse appréciation d'un officier français sur la supériorité de l'artillerie ennemie ; cet article inséré dans l'*Etoile belge* a produit une certaine sensation dans la presse européenne et elle confirme le dire de gens du métier. Voici quelques extraits qui ont leur place ici :

« Il est hors de doute qu'une des principales causes de nos revers, c'est l'infériorité de notre artillerie comparée à celle des Allemands.

« Il importe — tout en blâmant l'inertie des chefs et la faiblesse des états-majors — maintenant de bien préciser les causes de cette infériorité, afin de savoir si l'on ne peut y porter remède immédiatement ; on a dit surtout que l'artillerie prussienne avait plus de justesse et plus de portée que la nôtre ; c'est vrai, mais ces qualités lui donnent une supériorité insignifiante ; sur le champ de bataille il ne s'agit pas d'atteindre un point déterminé, mais bien des groupes qui représentent un certain volume ; dans ces conditions nos pièces qui sont presque toutes neuves ont une justesse suffisante ; elles sont disposées pour tirer à 3,500 mètres et peuvent atteindre même au-delà de 4,000 mètres quand elles sont placées sur une position élevée. Or, si l'on excepte *la grande batterie qui tirait du bois de la Marphée par dessus la ville à la bataille de Sedan* et qui dominait tout le champ de bataille, l'artillerie ennemie ne s'est pas engagée à des distances supérieures de 3 à 4,000 mètres.

« Mais ce qui fait l'impuissance de notre artillerie, c'est que nos projectiles ne peuvent éclater qu'à des distances fixes, et que si l'ennemi ne se trouve pas juste à la distance indiquée, ils éclatent en l'air et ne produisent aucun effet. Ces distances ne sont même pas précises, car les qualités des fusées varient par suite des transports et des différentes influences qu'a subies le chargement. Dans tous les cas, il est matériellement impossible d'atteindre l'ennemi au-delà de 3,000 mètres, puisque le dernier point d'éclatement est au-dessous de cette distance.

« Au contraire, les projectiles prussiens sont munis de fusées percutantes éclatant au choc; le projectile frappe donc sûrement à la distance voulue, et, ce qui est un immense avantage, la fumée qui se produit lorsqu'il éclate sur le sol permet de régler promptement le tir............
....

« Encore une fois, l'immense supériorité de l'artillerie allemande tient au mode d'éclatement du projectile; les autres avantages sont accessoires. A ce propos, il est important de ne pas s'en rapporter aux impressions de témoins qui semblent compétents, mais qui ne sont pas familiarisés avec les propriétés de l'artillerie. Ne connaissant pas les effets, ils apprécient mal les causes. Ainsi on est convaincu dans le public et même dans l'armée que le chargement par la culasse donne au canon Krupp une rapidité de tir que le nôtre ne peut avoir; on raconte que le canon prussien tire six coups pendant que le nôtre en tire un; c'est une erreur. Les nombres des coups tirés dans le même temps avec la plus grande rapidité possible par les deux canons sont dans le rapport de 11 à 12, ce qui fait une différence insignifiante. C'est encore là un avantage secondaire dont nous ne nous serions pas aperçus, si nos projectiles avaient éclaté convenablement.

« Il ne s'agit pas ici évidemment que de l'artillerie de campagne, car *le chargement par la bouche est condamnable à tous les points de vue pour la pièce de place et de siège.*

« On a même écrit que l'artillerie prussienne était mieux servie que la nôtre ; c'est une grave injustice qui doit être relevée. Toute l'armée rend hommage au courage et au sang-froid de nos canonniers ; officiers et soldats ont fait preuve d'un dévouement admirable ! ....
.... »

Quelques jours avant la publication ci-dessus, un télégramme de Reims à Berlin disait : « Outre 25,000 prisonniers faits dans la bataille de Sedan, 83,000, y compris 4,000 officiers, ont été également faits prisonniers par la capitulation de Sedan. Nous avons trouvé en outre 14,000 blessés. Plus de 400 pièces de campagne y compris 70 mitrailleuses, *150 canons de forteresse*, 10,000 chevaux et un très grand matériel de guerre sont tombés entre nos mains. »

* *

M. Georges Bastard, homme de lettres, qui a beaucoup écrit sur la guerre de 1870 — et s'est arrêté à Sedan pour y recueillir sur place de nombreux documents — a fait comme l'auteur en s'adressant à M. J.-B. Brincourt.

Celui-ci m'écrivit à ce sujet, en date du 30 novembre 1895, qu'en recherchant quelques épisodes pour Bastard, il rencontra Ch. Noël, ancien brasseur, avec qui il parla de la sortie du général de Wimphen et d'un acte de bravoure du sieur Bio, menuisier à Sedan et aujourd'hui établi à Bazeilles.

« Noël me dit combien l'artilleur Bio s'était distingué et m'engagea à lui écrire, ce que je fis, et je vous adresse la réponse du brave sédentaire.

« A maintes reprises j'ai rappelé la conduite héroïque de M. Bio à M. Auguste Philippoteaux, en lui disant qu'il devrait faire quelque chose pour ce brave citoyen dont il avait ignoré les exploits ; il m'a promis d'y penser, mais.... la chose n'eut probablement pas de suite. Comme beaucoup de Sedanais ignorent cet épisode, je crois qu'il serait bon de le porter à leur connaissance, etc........
.... »

Lettre du citoyen Hippolyte Bio.

« Bazeilles, le 13 Mai 1888.

« Monsieur,

« J'ai reçu en temps votre lettre du 19 avril dernier et en réponse j'ai l'honneur de vous donner aussi bien que possible, les renseignements qu'elle me demande. En 1870, je faisais partie de la garde nationale de Sedan. Le jour du siège (?) j'étais de service à la pièce du bout du petit quartier du Ménil, donnant sur Wadelincourt et dont le retour d'équerre du rempart faisait face à Balan. Notre batterie, à part les obus tirés sur nous, venant de la Marphée, a été inquiétée un moment par les balles venant du dehors, c'est-à-dire de la maison de l'*Arbre vert* située au pied de la côte du Moulin-à-Vent, où réside actuellement un marchand de ferailles.

« Je montais droit sur le talus faisant face à cette maison, et avec des fusils que me passaient mes amis, gardes nationaux comme moi, je tirais dans la direction de l'*Arbre vert* pour chercher à en débusquer l'ennemi qui occupait l'immeuble.

« Ne réussissant à rien, j'allais demander qu'on baissât le pont-levis pour me livrer passage. Bientôt, pour un motif ou pour un autre, on baissa le pont, alors je courus pour aller combattre dans cette maison. Arrivé presque à l'entrée, je me trouve en face de plusieurs soldats bavarois dont un chef, le revolver à la main, décharge sur moi plusieurs coups sans m'atteindre. J'avais mis baïonnette au canon ; j'aurais pu tuer cet homme, mais cela m'a repugné ; je jetais l'arme qui me gênait et me ruais sur le chef, confiant dans ma force ; je le saisis dans mes bras et je le terrassais pour le désarmer entièrement ; à cet instant, un soldat bavarois me mettait en joue, prêt à faire feu, quand sur la parole du chef, qui pouvait aussi bien recevoir la balle que moi, le soldat releva son arme. Aussitôt d'un bond je saisis ce deuxième Bavarois, je le désarme et le maintiens ainsi que son chef à la force du poignet et non sans mal — comme vous l'a dit M. Ch. Noël, témoin de la scène — car le chef était un gaillard solide... Je parvins à conduire ces deux Bavarois pour les remettre au château à l'autorité militaire qui les plaça en lieu sûr. On me fit entrer au bureau du commandant de la place, où plusieurs chefs me serrèrent la main en me félicitant et faisant éloge de ma conduite, ce que je ne sollicitais nullement ! ! !...............................»

Cette lettre se passe de commentaires et fait honneur à celui qui l'a écrite.

Tous nos artilleurs de 1870, comme ceux qui avaient été armés du détestable flingot que vous savez ont prouvé, dans plus d'un cas, qu'ils ne devaient pas être considérés comme quantité négligeable.

Les anciens artilleurs de l'armée active ont surtout été à la hauteur de leur tâche éphémère, il est vrai, mais périlleuse à coup sûr ; on ne parle pas ici de ceux qui n'avaient jamais servi et étaient peu accoutumés au bruit du canon ; cependant à la porte de Paris — et l'on pourrait dire un peu partout — de simples bourgeois ordinairement fort pacifiques avaient pris cœur au ventre et ne bougeaient pas plus que des souches.

Ces simples citoyens modestes, mais convaincus qu'ils accomplissaient un devoir sacré, n'étaient pas une exception et ils ont fait l'admiration des « professionnels, » c'est-à-dire des artilleurs de l'armée, obligés d'abandonner leurs pièces de campagne en pleine ville, dans les glacis — comme les pièces de montagne qu'on pouvait voir du côté de Torcy — pour aller donner un coup de main aux sédentaires....

Hélas ! toutes les pièces amenées sur les remparts, le 16 juillet, n'étaient pas en état ; d'aucunes à âme lisse, devaient rester muettes comme celles qui étaient allongées dans la cour du château, près de la passerelle aboutissant à la porte sombre du donjon.

Une statistique des pièces et des projectiles destinés à la défense de la place a été dressée par M. Cordier, ancien directeur du bureau de la grande vitesse, et j'aurais bien voulu pouvoir la reproduire ici ; c'était une pièce de plus à ajouter au procès des sinistres farceurs qui ont précipité la chute du bas-Empire, gaspillé nos finances, délaissé l'armement des places de guerre, l'approvisionnement des citadelles en vivres et surtout en matériel indispensable ; un moment à Sedan, à la poudrière, sise au bout du Promenoir des Prêtres, en haut de la rue de Bayle, au fort de la Maquette sur lequel se trouvaient des rames à sécher le drap, on crut que les magasins étaient pleins jusqu'à la voûte ; mais il fallut en rabattre, les habitants de bonne volonté, chargés de descendre des caisses de munitions destinées à l'armée du Rhin, savent ce que contenait alors cette poudrière où cependant un factionnaire montait la garde, comme à celle du bastion de Turenne, avec un bâton armé d'une baïonnette.

Les pièces de la place manquaient d'alimentation et il eut été impossible à chacune de répondre plus longtemps aux projectiles de l'ennemi ?...

Quoi qu'il en soit, celles qui tirèrent le 1er septembre étaient en bonnes mains, comme on le verra ci-après par les relations de certains épisodes peu ou point connus.

Mais on ne pouvait pas exiger beaucoup de discipline de la part de bourgeois, de magistrats, de fonctionnaires, de rentiers et de travailleurs qui avaient conservé un peu, cela va de soi, les traditions de la garde nationale de la fin du règne de Louis-Philippe et du début du prince-président.

Depuis l'appel des miliciens, les fusiliers et les artilleurs avaient bien fait l'exercice, monté garde sur garde, confectionné des épaulements et des fascines, placé les canons, descendu les caisses de projectiles, aménagé la plate-forme des pièces, etc., mais, malgré tous les sacrés noms de Dieu de l'officier instructeur en question, on n'en riait pas moins qu'autrefois !!....

Le bon Rabelais n'a-t-il pas dit que le rire est le fait de l'homme et on avait bien le temps de broyer du noir durant le danger et l'interminable occupation qu'on devait subir...

Au château, un de nos concitoyens montait, une nuit, la garde près du pavillon où une plaque rappelle la naissance de Turenne ; cette faction singulière avait lieu sans arme et la consigne était de ne pas laisser ouvrir ou éclairer une certaine fenêtre du donjon où d'énormes araignées tissaient leurs toiles depuis des siècles !

—Quelle est donc votre consigne ? demande-t-il à Gonry, coiffeur, qui l'avait précédé là-haut.

— Je n'en sais rien, répond le figaro de la rue du Ménil, mais ce qu'il y a de certain c'est qu'on n'entend ici que les *chaouettes !*...

La même nuit, notre factionnaire marquait le pas dans la cour du château, en face la porte du palais des princes ; il entend marcher dans l'ombre que coupait obliquement la lumière d'un vieux falot pendu à la voûte.

— Qui vive ! qui vive ! qui vive ! demande l'artilleur.

Rien ne répond, si ce n'est l'écho de l'ancienne chapelle du château !

— Qui vive, nom de nom, ou je tire...

— Tais-toi, vieux, dit une voix gouailleuse, tu ne vois donc pas que j'apporte le café !!...

Un autre jour, on avait donné des pelles, des pioches et des brouettes aux miliciens improvisés terrassiers, pour l'armement de la place où rien n'était prêt, où des rampes manquaient çà et là aux talus de la dernière enceinte, malgré les sommes relativement énormes que le génie militaire engloutissait bon an mal an pour boucher les trous à des murailles inutiles et réparer du temps l'irréparable outrage !...

Notre artilleur, en compagnie du substitut de l'époque, du conservateur et de je ne sais plus qui encore, promenaient la brouette, à tour de rôle, derrière le jardin des sœurs de l'Espérance à Torcy, près d'un magasin appartenant à Peignois, marchand de vins et spiritueux.

Peignois — le futur propriétaire de la vigne de « côte rôtie » sur la corne de La Rochette — offrit le madère aux travailleurs qui acceptèrent... On trinqua aux artilleurs et si bien qu'on abandonna sur le terrain, le chef-d'œuvre attribué à Blaise Pascal !...

Et nos citadins réintégrèrent la place Turenne dans un véhicule comparable au char d'un triomphateur romain... Ils passèrent plus tard sur les remparts de la porte de Paris, à côté de Lambert, d'Arnould, de Rossignol, etc., etc.

A propos de Lambert, ancien concierge du Stand et dont on lira la relation, on rappelle que le 15 août arrivait dans la cour du château une caisse de chassepots destinés, paraît-il, à la *Compagnie des francs-tireurs sedanais* ; on sait qu'une réunion de membres du tir ayant eu lieu précédemment à la mairie, une proposition de M. E. de Montagnac fils, président de la Société, avait été examinée ; il s'agissait de faire appel aux meilleurs tireurs, aux volontaires et de former une compagnie indépendante : M. Philippoteaux aurait pris la parole et la séance assez orageuse n'aurait pas abouti !!!...

Bref, les membres de la Société de tir laissèrent les fusils dans leurs caisses où l'autorité militaire les garda.., en attendant les ordres supérieurs qui ne devaient pas venir !!!

Ces fusils ont pris en septembre le chemin de Coblentz où d'immenses magasins dans les forteresses étaient bondés de toutes les armes et autres épaves du champ de bataille de Sedan ; étant prisonnier de guerre à Coblentz en 1871, j'ai vu, non sans un serrement de cœur, dans tous ces débris de la débâcle, des casques et des sabres de pompiers provenant de Bazeilles et d'ailleurs........

....

Le 31 août, me raconte un témoin, les remparts de Torcy et de Sedan offraient un coup d'œil bizarre, un mélange de tous les uniformes de l'armée active tranchant sur le bourgeron bleu, le paletot et la vareuse des gardes.

Là, sous un prétexte ultra-fantaisiste, le cavalier roublard et flairant une bonne aubaine cherchait après son régiment au pied d'une pièce où les gardes mangeaient, buvaient et fumaient..

Les soldats de toutes armes depuis le zouave jusqu'au tirailleur, en passant par le lignard, le chasseur à pied, le turco, le cuirassier, l'artilleur, le marsouin, le génie, le train et que sais-je encore, envahissaient les fortifs où chacun leur faisait bon accueil.

Les roublards sont hébergés, nos artilleurs dónnent leurs vivres généreusement, sans songer que deux jours après on manquerait de pain à Sedan !...

A chaque pièce, un sous-officier ou ancien soldat de l'artillerie était attaché ; on faisait raconter la campagne à ces pauvres diables éreintés par les marches et les contre-marches, qu'a tenu à refaire Emile Zola, en préparant *La Débâcle* et en accomplissant, en voiture, le trajet suivi par l'armée de Mac-Mahon, de Reims à Beaumont et à Sedan.

C'était bien là ce qu'a écrit le maître du naturalisme sur cette armée démoralisée où tout était relâché et surtout la discipline, à en juger par les violentes altercations qui se produisaient publiquement entre soldats et supérieurs ; c'était écœurant pour ne pas dire davantage...

— Que voulez-vous, disait un soldat très calme, on a tant souffert, n'ayant rien dans le fusil qu'à la longue on devient mauvais; tout pèse, on répond mal au chef qu'on a pris en grippe, on est dégoûté du métier, surtout quand on ne comprend rien au trimard qu'on vous fait faire ; le soldat est comme çà, il ne faut pas qu'on le berne ; il souffre avec résignation, marche sans se plaindre, mais encore cherche-t-il un horizon quelconque, un but... Mais s'il va à l'aventure comme un navire démâté au gré des éléments, son caractère change, la bonne humeur inhérente à la race française se tarit... et c'en est fait de l'esprit de corps !... çà ira comme çà voudra — au bout le bout et le plus vite sera le meilleur !.............................

Et ce soldat tenait le raisonnement désespérant de bien d'autres qui ne savaient rien de ce qui se passait autour d'eux et encore moins dans Sedan où ils étaient entrés poussés par le flot... qui montait toujours ! !...

Cependant on n'eut aucun malheur à déplorer durant cette fin de journée qui parut longue aux citadins qu'on avait arrachés à leur foyer et à leurs habitudes ! !.......................
....

Les pompiers, depuis le départ de la garnison, avaient le service des postes et s'acquittaient de cette tâche très correctement et grâce à la discipline avec laquelle le capitaine Pierre ne badinait pas ! En effet, on a souvenance d'un certain X..., peintre de son état, et qui, montant la garde à la poudrière du bastion de Turenne, s'était grisé comme un Polonais !...

Cet homme, relevé par une patrouille, fut désarmé et rayé de la compagnie par le conseil de famille dont l'arrêt fut affiché dans tous les postes.

Cet exemple produisit son effet et s'il n'était pas défendu de boire, encore fallait-il ne pas en prendre outre mesure !!!

X... eut mieux fait de rester chez Godet, le marchand de vins, où il avait pris son coup de feu et de faire monter la garde par sa femme comme en 1849 la mère Sayen l'avait fait pour son homme, dans la même guérite !................

Partout ailleurs, nos pompiers (anciens ou auxiliaires) étaient tous à cheval sur le service ; un exemple suffira à le prouver :

Quand le 1er septembre nos concitoyens abandonnèrent les remparts pour réintégrer les postes où leur présence était obligatoire, la 3me et la 4me escouades se réunirent à la remise de la rue du Collège et occupèrent le rez-de-chaussée de la maison portant le n° 3 (aujourd'hui 26).

Là se trouvaient le lieutenant Waharte (attaché à la Société des déchets) ; Rigaud dit Bertrand, sergent (le bottier de la place du Collège) ; Herbeuval père, caporal et Jaseret, ouvrier taillandier; Herbeuval fils (1) ; Eugène Dardare (qui devait servir après pour la durée de la guerre) ; Dacremont dit *Rouget ;* Lefort dit *la Panse* (attaché au bureau de la grande vitesse) ; Bourguignat et Charles Pierrot, tous deux de la 3me ; Louis-Jacquard.

Démagny père et fils, chaudronniers, rue Sainte-

---

(1) Décédé lieutenant de la Compagnie des pompiers et inhumé le 25 janvier 1896 au Cimetière des protestants.

Les journaux départementaux, locaux et celui de la Fédération des sapeurs-pompiers de France et d'Algérie ont rendu compte des obsèques très imposantes qui ont été faites à notre pauvre condisciple Samuel Herbeuval.

Herbeuval laisse un fils qui est inscrit à la Compagnie que commande le capitaine Pierlot.

Barbe; Mathy-Poste dit *Champagne*, maréchal-ferrant et son fils aîné Désiré, actuellement place Verte; André Guillaume, contremaître de fabrique; Ranzoni, fumiste, etc., etc.

Les obus arrivaient de tous côtés et un projectile ayant atteint la maison du vétérinaire Lairet, les pompiers purent éviter un premier malheur; après, le poste allait éteindre un commencement d'incendie chez M. Victor Chémery, et deux pompiers, MM. D... et Samuel Herbeuval, grimpaient dans la maison Bertèche pour couper la hampe du drapeau d'ambulance qui devait protéger l'ancienne Sous-Préfecture si les artilleurs ennemis avaient su respecter la Croix de Genève !

En descendant du toit de la maison Bertèche nos pompiers l'ont échappé par miracle ! !

La 3me et la 4me passèrent la nuit du 1er au 2 septembre au poste, en compagnie d'officiers et de soldats qui avaient trouvé là un refuge. Du nombre étaient MM. Pallier, lieutenant-colonel au 68e de ligne, Lemoine, commandant au même régiment et d'autres officiers, sous-officiers et soldats.

C'est là qu'a été opéré le sauvetage du drapeau du 68e (ce qui restait du régiment était échelonné sur la côte du rempart).

Les pompiers qui survivent se rappellent de cet incident; la soie du drapeau a été emportée en captivité et l'aigle enterrée dans la cour du collège au pied d'un peuplier. C'est là que, durant l'occupation, un sous-officier du 68e — un pays du sous-préfet M. Albert Brun, est venu recueillir la glorieuse épave.

On retrouvera les braves sapeurs-pompiers de Sedan et de la contrée au cours de ce récit et l'un d'eux donnera une relation de l'incendie du Dijonval et d'autres faits plus ou moins connus et qui cependant méritent de l'être, car ils sont à l'honneur de nos compatriotes.

Grâce aux renseignements recueillis à bonne source et aux documents qui lui parviennent, l'auteur consacrera quelques pages à la phalange que commandait le capitaine Pierre.

Donc, à bientôt !....

CHAPITRE III

A la porte de Wadelincourt. — A droite de la porte de Paris (relation de Lambert, alors gardien de l'établissement du tir). — Le pompier Bernique. — La Compagnie le matin du 1ᵉʳ Septembre et ses armements. — A gauche de la porte de Paris (relation de M. Germain, maréchal des logis). — A la porte de Glaire (relation de M. Mazuel et ce qu'on voit de la Marphée). — Les pompiers de Saint-Menges et de Floing. — Volontaires pour Paris. — Le lieutenant Munaut (J.-B.). — Les douaniers au Donjon.

A la porte de Wadelincourt.

Le bastion de la porte de Wadelincourt était armé de deux canons, l'un à âme lisse et l'autre de 24, rayée, sous le commandement de M. Hugot, (aujourd'hui agent général de la Société de Prévoyance et de Secours mutuels de Sedan) qui venait de quitter comme sous-officier le 9ᵐᵉ d'artillerie, où il avait servi sept ans et fait la campagne d'Italie; le brigadier était Pognon.

Les artilleurs, arrivés le 31 au matin, passèrent la journée et la nuit sur les remparts ; là, se trouvaient : MM. Dubois aîné, tailleur à Torcy ; Tarpin

(Félix), depuis beau-père de M. Ch. Gétiaux ; Léon Payen, patron teinturier à Torcy et aujourd'hui habitant Reims ; E. Dubois, frère du négociant en houblon ; Lemaire, marchand de laines ; un artilleur cité également comme étant avec lui sur les remparts de Torcy: MM. Tarnus, vérificateur des poids et mesures ; Rouy-Ducheny, fils de l'employé d'octroi ; Migeot, épicier ; Brunnières, épicier ; Menu, maréchal-ferrant ; Thiriet ; Pierre Noblet, etc.

Notre correspondant artilleur dit que Félix Tarpin, charpentier, pointait la pièce avec son mètre placé verticalement sur la culasse, ce qui ne l'empêchait pas de démonter les pièces allemandes dans la direction de Wadelincourt et de Noyers ?..

Le 1er Septembre, entre six et sept heures du matin, une batterie prussienne placée au petit bois de Wadelincourt tira sur la pièce rayée ; celle-ci, suffisamment approvisionnée, répondit six fois au feu de l'ennemi. M. Hugot, pour juger de l'effet du tir et se rendre compte de l'arrivée des obus, s'était mis dans l'embrasure non masquée par la fumée de la pièce qui ne devait pas tirer.

C'est là qu'un projectile ennemi vint éclater sur la pièce à âme lisse en blessant M. Hugot de cinq éclats d'obus à la tête.

Perdant beaucoup de sang, le maréchal des logis, se rendit maison Verjus, rue de Wadelincourt, où un premier pansement fut fait par Mlles Hans. M. Hugot put se tirer d'affaire après quinze jours de soins et de repos absolu. Il n'en fut pas de même, hélas ! de M. Thiriet, beau-père de Menu ; tous deux étaient à la même pièce, non loin de la porte de Wadelincourt.

M. Thiriet père, maître menuisier et limonadier, rue de l'ancienne église de Torcy, avait appartenu à la garde nationale de 1848.

Un contemporain, qui faisait manœuvrer l'artillerie à Torcy, l'engagea à prendre du service parmi les sédentaires.

M. Thiriet accepta immédiatement et c'est ainsi qu'il se trouva sur les remparts le 1er Septembre où il reçut trois éclats d'obus à la jambe droite ; le même projectile tua un marsouin.

Le pauvre Thiriet mourut des suites de sa blessure, le 12 septembre.

A propos de la porte de Wadelincourt, parmi les autres artilleurs, on se rappelle aussi de M. Adrien Parent fils qui fit, durant quinze jours avant la bataille, le service des gabions avec cheval et voiture.

Relation de M. Lambert.

A la porte de Paris, il ne faisait pas moins chaud qu'à la porte de Wadelincourt.

Voici la relation du maréchal des logis Lambert, ancien gardien du tir et aujourd'hui hôtelier place Verte :

30 Août. — Trois heures de l'après-midi environ, il reçoit au tir des soldats français qui venaient par la route nationale ; auparavant était arrivé un immense parc d'artillerie de réserve commandé par M. Châtillon, lieutenant-colonel du 18e régiment, où Lambert avait servi avec Hanras, du *Petit Ardennais*.

Le parc arrêté aux portes de la ville, sans ordre, fut fatalement obligé d'y entrer, après tant de marches et de contre-marches inutiles depuis le camp de Châlons.

31 Août. — Le soir, Lambert déménage du tir avec l'aide d'ouvriers de MM. Er. Gosier et Delecroix ; il était dangereux de se hasarder au delà de l'enceinte fortifiée, puisqu'un ouvrier reçut une balle qui lui fit une boutonnière à son pantalon. Durant la nuit, des coups de feu furent tirés, dit-on, de la porte de Paris sur une patrouille.

1er Septembre. — Brouillard très intense quand commence la fusillade dans la direction de Bazeilles. A la première heure sur les remparts on se prépare; vers six heures du matin un uhlan, tué la veille par un poste de soldats qui devait être du côté de Bellevue, était rapporté en ville ; on crut un moment que ce grand diable d'éclaireur avait été occis par Jacoupy, maître d'hôtel, rue Napoléon.

Comme on le verra, cette version était erronée.

Le brouillard se dissipe peu à peu et l'on voit défiler à l'œil nu, et à environ 800 mètres de la porte de Paris, de l'artillerie et d'autres troupes « qu'on ne veut pas croire être celles de l'ennemi? »

Et les troupes continuent de passer à mi-côte du chemin de la Marphée, au-dessus du Rinssart, pour remonter vers les Quatre-Frères et gagner le ruisseau de Fresnois.

En effet, le maréchal des logis Lambert quitte sa batterie, monte sur un cheval de lanciers et s'en va en reconnaissance sur la route de Bellevue : en chemin il aperçoit un paysan qui s'approche à travers champs et lui remet, pour la place de Sedan, un billet du maire de Fresnois. L'homme était chargé de porter la nouvelle de l'occupation du village par les Prussiens.

En revenant de Bellevue, Lambert toujours à cheval, va au grand galop et échappe par miracle à la fusillade des ennemis postés dans les jardins de droite.

Il rentre en ville aux applaudissements de ses camarades et s'en va porter la missive au commandant de la place... où l'on n'a pas l'air du tout de comprendre la situation !

Rien d'étonnant, puisqu'à neuf heures du matin, un zouave du haut des remparts de la porte de Paris, ayant tiré sur un Bavarois, était attaqué par un officier qui prétendait que l'homme tué était un de nos chasseurs à pied !!...

Mais à neuf heures et demie, changement de décor, le brouillard ne couronne plus que la crête de la Marphée et force est de reconnaître que l'ennemi est établi solidement là-haut où il doit jouir d'une superbe vue panoramique de Sedan !!!

A dix heures environ, deux pièces allemandes s'établissent au bois Amour (Bellevue), à une distance à vol d'oiseau de 1,200 à 1,500 mètres.

Le feu de ces pièces s'ouvre dans la direction de la porte de Paris. Défense de tirer chez nous.... Mais nos artilleurs qui ont du sang dans les veines n'y peuvent plus tenir ; ils bravent la consigne ! on charge la pièce principale qui répond avec avantage au feu de l'ennemi dont un canon est démonté.

A dix heures et demie, une compagnie de soldats bavarois prend position de l'immeuble Hulot, fabricant d'enclumes, à 200 mètres de nos bouches à feu.

C'était ne pas manquer de toupet !

Les casques à chenille tirent sur les glacis de la place et les balles sifflent aux oreilles des artilleurs et du lieutenant Brunnetière qui reconnaît la position de l'ennemi à gauche de la route.

La pièce de 24 rayée, où est Lambert, tire un obus qui enlève la toiture de la maison Duval, marbrier-sculpteur ; on démolit les embrasures afin de permettre à la pièce de prendre en écharpe la maison envahie ; cette fois la mitraille fait son œuvre, et l'on voit les « habits bleus » qui se sauvent en sautant comme des grenouilles (1).

Ce paquet de mitraille avait tué un capitaine et des soldats qu'on a inhumés territoire de Fresnois.

A ce moment, les pièces de la porte de Paris n'avaient plus de projectiles ! nos braves artilleurs, réduits à l'impuissance, demeurent les spectateurs muets, mais désolés du formidable duel que se livrent les pièces allemandes et françaises dont les feux se croisent au-dessus de la ville et du château, de la Garenne à la Marphée et *vice versa...*

Quand on eut arboré le drapeau blanc, le maréchal des logis Lambert se trouvait au faubourg de la Cassine à la teinturerie Gosier, au moment où les intrépides chasseurs d'Afrique, échappés à la charge de Floing, essayaient de pénétrer en ville à la suite de leur malheureux général Margueritte, atteint mortellement...

Un lieutenant d'artillerie nommé Nannan recon-

---

(1) Expression d'un témoin.

naît Lambert, son ancien camarade de lit, et lui demande à boire.

— Tout est fini, répond Lambert, mets pied à terre et viens.

— Impossible, mon vieux, je ne quitte pas ma section ; j'étais au Hattois depuis neuf heures du matin ; j'ai épuisé toutes mes munitions et comme tu peux le voir il ne manque rien que deux chevaux tués par le même projectile !

Lambert revient à la porte de Paris pour essayer d'aller voir sa mère qui était restée au tir. Il ne réussit pas et il aperçoit, à l'avancée du pont-levis, les Bavarois, placés sur quatre rangs, à un mètre de la porte, tandis que sur la demi-lune attendent des généraux et des officiers d'état-major français avec le prince Murat en lieutenant de hussards.

Tout à coup, le général de Wimpfen, qui revient de Bellevue, arrive et dit aux généraux et officiers d'une voix qui fend l'âme : « Mes enfants, c'est fini !!... »

Peu après, un hourra frénétique part des rangs de l'ennemi qui vient d'apprendre... la fin de la bataille ! ....
....

Lambert et sa femme obtiennent l'autorisation de sortir une demi-heure pour se rendre au tir où les accompagnent deux bavarois ; devant la maison Wuillième, un soldat aviné a le casque orné d'une couronne de mariage et dans le jardin du tir, deux sergents-majors boivent du vieux madère qu'ils ont découvert dans la cave. Lambert — il faut bien faire contre fortune bon cœur ! — est obligé de boire le verre qu'on lui offre, puisque c'est lui qui le paie !!.... Lambert cherche après sa mère qu'il ne trouve pas (1).

Retour immédiat à Sedan pour assister le surlendemain à la sortie des premiers prisonniers, jetant ou brisant leurs armes, les larmes aux yeux et le juron aux lèvres !

Lambert — qui n'est plus artilleur — rentre au tir où un général le réquisitionne pour faire à manger ; on lui donne 400 francs, un sous-officier, une voiture et un conducteur, afin d'aller acheter des vivres en Belgique ; à Floing, il achète quinze canards chez M. Day, brasseur, et il s'approvisionne d'œufs, de confitures, de volailles et de bougies chez Mme Servais, femme du lieutenant de pompiers ; la voiture retourne à Sedan où Lambert achète du vin rouge chez Clément, à la *Croix-Rouge*, en face le Tribunal, du champagne chez Renaut et d'autres confitures chez l'épicier Laplanche ; les Allemands ont un faible pour les sucreries et les confitures.

Au tir où l'on dépose les victuailles, un poste empêche l'accès de l'établissement et de la cuisine aux soldats.

Dans l'état-major prussien se trouvaient deux médecins-majors qui proposent à Lambert de lui céder à perte, bien entendu, des titres de rente française contre de l'or. Le gardien refuse, en

---

(1) Restée au tir au moment de l'arrivée en masse des Bavarois, la pauvre femme très sourde mais énergique, avait essayé de défendre l'entrée de la cave ; elle fut malmenée et peut-être l'aurait-elle été davantage, quand deux obus, venant du plateau de Floing, éclatèrent dans la salle du Stand, ce qui fit dire plus tard à la vieille qu'elle n'avait entendu que deux coups de canon !...
Elle put se sauver et se réfugier à Donchery.

disant qu'il n'a pas un rouge liard, de prendre ces titres volés en route, c'est probable.

Lambert dans un moment de colère menace d'incendier le tir ; l'état-major prussien débarrasse le terrain et fait place à un bataillon de bavarois qui avait laissé 400 morts à Bazeilles autour du Montvillers.

Un général prussien passe les Bavarois en revue et les félicite de leur bravoure. Une boucherie est installée à 20 mètres du tir ce qui n'empêche pas l'ennemi de s'approprier tout ce qu'il trouve à sa convenance.

Un grand diable d'artilleur bavarois emporte un porcelet appartenant à Lambert et se sauve à travers champs ; Lambert court, attrape le pachyderme par une patte, tire vigoureusement et reprend son bien aux applaudissements des témoins de cette scène, tandis que l'artilleur honteux décampe du côté de Fresnois...

A propos, et avant de clore cette relation, il est bon de rappeler qu'à la porte de Paris, le prince Murat avait demandé à Lambert s'il connaissait le président du tir.

— Mais parfaitement, répondit-il ?

— Vous lui direz donc qu'on prenne bien soin de mes chevaux (sic).

....

Le 1er Septembre, à la porte de Paris, le maréchal des logis précité, était resté avec MM. Brunnetière, Ledain et d'autres, mais il en manquait à l'appel, quand en dernier, les pièces étaient chargées avec l'aide de gendarmes, d'un sous-officier d'artillerie et de divers soldats...

M. Albert Caillet, compagnon de l'infortuné Congar, et son frère Jules Caillet-Off, étaient aussi aux pièces de la porte de Paris avec M. Boibleau *e tutti quanti*, quand un brigadier « se plaignait des épaulements qu'il ne trouvait pas assez hauts pour l'abriter... »

Tout à coup la pièce de 24 tonne et un canon de la Marphée répond ; quelques artilleurs, y compris le brigadier, dévalent dans le fossé où des obus les font déloger, tandis qu'on relève le corps d'un maréchal des logis fourrier d'artillerie active, coupé en deux par un projectile.

M. Albert Caillet fut blessé en rentrant chez lui vers quatre heures du soir, rue du Ménil, par un éclat d'obus et les débris d'une cheminée, à la hauteur de la boulangerie Selzer aujourd'hui. M. Jules Caillet — il demeurait maison Barré, à la Sorille — l'a également échappé belle, car s'il était revenu quelques instants plus tôt à son domicile, il eût été foudroyé, peut-être, par un obus qui fracassa une partie du mobilier.

Le caporal des Pompiers, Bernique.

Le moment est venu de causer du pompier Bernique. Le 31 Août, il était de garde au poste de la Halle, ce qui ne l'empêcha pas d'être commandé de service pour le lendemain à la première heure.

« Par ordre du capitaine Pierre et du lieutenant Buart, le caporal Jasseret de la 3me escouade (ouvrier taillandier chez M. Dardare) part avec Bernique et d'autres pompiers en éclaireurs au-dessus du terrain de tir.

« Bernique — c'est lui qui parle ici — aperçoit à travers le brouillard des cavaliers prussiens dont un se détache pour le percer d'un coup de lance ; le pompier qui était armé fait feu sur les cavaliers qui se retirent.

« Bernique, caporal porte-lance, dans cette sortie, ramasse les armes d'un uhlan tombé et rentre en ville par la porte de Paris (1). »

M. Philippoteaux, accompagné du général de Beurmann, arrête Bernique et lui demande à voir les armes de l'ennemi ; chacun s'avance et un artilleur sédentaire nommé C.... offre un prix fabuleux du mousqueton dont il voudrait orner sa panoplie !!...

Bernique refuse carrément, car il n'entend pas faire trafic de cette prise... qu'il a conservée jusqu'alors.

Le maire commande à Robardet, agent de ville et ex-soldat de Crimée, d'aller faire relever le cadavre du uhlan et de le transporter à la mairie.

Ce qui fut fait.

---

(1) Voici le rapport inscrit au livre d'ordre de la Compagnie:
1er Septembre. — « Le caporal Bernique est cité à l'ordre de la Compagnie pour avoir été *volontairement* en reconnaissance vers l'ennemi qui s'installait au-dessus de la propriété Brincourt, et arrivé à une certaine distance d'une vedette allemande placée à l'angle de cette propriété, en se couvrant par les fossés et les talus, il a pu arriver à la tirer et nous a rapporté comme trophée et preuve de sa reconnaissance le sabre, la sabretache, les papiers et carnet qu'elle contenait, lesquels carnet et papiers ont été transmis à la place, comme preuve matérielle que c'était bien l'ennemi qui était en face de nous.
« *Le capitaine commandant,*
« PIERRE. »

Il y a encore d'autres versions que celles de Bernique et du capitaine ; quoi qu'il en soit, le uhlan ne reviendra pas dire ce qui s'est passé !!...

Le uhlan était un tout jeune homme très bien bâti ; le corps fut enterré derrière la Manutention militaire, au pied de l'Asfeld.

Le capitaine Pierre a gardé le livret militaire du mort et M. de Beurmann, la théorie du cavalier.

Le même jour, au feu du Dijonval, l'infatigable Bernique a manœuvré sous une pluie d'obus en compagnie de l'adjudant Monnet, des sergents Ludet et Duchâtel, de Watrin père dit Caba, du caporal Saunier, etc., etc...................
....

On sait que le 30 Août, le capitaine des sapeurs-pompiers de Sedan avait été invité à mettre pour le lendemain, de très grand matin, à la disposition du génie les hommes de la Compagnie sachant manier la hache pour continuer le travail d'abatage des arbres de la fortification. (Cet ordre daté de minuit est signé : Auguste Philippoteaux).

Le 31 Août, M. Mallet, commandant du génie, convoquait au château les pompiers ouvriers ou maîtres charpentiers pour recevoir des instructions les concernant.

Le 1er Septembre 1870, par ordre supérieur, M. Melcion d'Arc, commandant de place, prévenait le capitaine Pierre de réunir sa Compagnie au centre de la place de la Commune de Torcy.

Le 1er Septembre, M. le capitaine est prié de se rendre à la mairie par le conseiller municipal de service, M. Auguste Robert père.

Le 1er Septembre 1870, le capitaine recevait la lettre suivante inscrite au livre d'ordre :

« Monsieur le capitaine,

« Dès hier soir, j'avais donné l'ordre que la Compagnie des sapeurs-pompiers se tînt en tenue d'incendie à ses postes d'incendie. La Commission municipale en permanence à la Mairie, ratifie cet ordre et rappelle d'urgence tous les pompiers que le zèle a entraînés aux portes et aux remparts (erreur d'impression, nous étions aux remparts par ordre de la place).

« Donnez donc, de suite, l'ordre que chacun revienne immédiatement. C'est en ville, c'est à l'incendie qui peut éclater d'un instant à l'autre que nos braves pompiers peuvent rendre évidemment les plus grands services.

« Qu'ils reviennent donc de suite. J'irai tout à l'heure, avec la Commission, inspecter les postes.

« Toute absence serait une désobligeance en face de l'ennemi.

« Tout à vous,
« A. Philippoteaux. »

Et au même moment une autre lettre du lieutenant Allaire, de la garde nationale, demandait des pompiers « pour arranger les arbres près de la porte de Paris. »

Les pompiers étaient donc en armes sur les remparts de Torcy, le 1er Septembre, avant d'être rappelés en ville.

L'armement des pompiers avait été modifié depuis deux ans. En Juin 1868, le directeur de l'artillerie remettait à la Compagnie 124 fusils à percussion n° 1, des voltigeurs, à canon lisse, en remplacement des armes à silex.

En Mai 1869, la Compagnie recevait 124 nouveaux fusils à percussion transformée bis et 120 sabres de troupe, modèle 1831, en remplacement des fusils de voltigeurs et des sabres d'artillerie dits poignards.

Et le 29 Mai 1870, la Compagnie prenait part à un concours régional de tir, à Mézières, et était chaleureusement félicitée par le préfet ; elle rapporta une médaille de vermeil de 1re classe.

Le 1er Septembre, au reçu de la lettre du maire, le capitaine Pierre réunit sa compagnie devant la maison de Guer, vers huit heures et demie du matin ; déjà les obus faisaient rage et deux projectiles passant au-dessus des pompiers, allaient tomber dans le jardin Benoit.

Le capitaine fit rentrer la Compagnie en ville en prenant le pont de Torcy... Ce qui était, dit-on, très imprudent !...

Place Turenne, le capitaine dit : « Remettez vos armes chacun à la maison et revenez immédiatement à vos postes. »

A neuf heures, éclatait le feu au Dijonval ; il en sera rendu compte plus loin ; mais avant, il faut continuer les relations si intéressantes des artilleurs sédentaires qui se trouvaient avec le maréchal des logis Germain, sur le côté gauche de la porte de Paris.

Relation de M. Germain.

M. Germain a servi à Metz, au 13e d'artillerie, avant de passer à la 1re compagnie des ouvriers du génie, par décision ministérielle.

Il rappelle qu'aussitôt l'appel des sédentaires on

fit des manœuvres fort inutiles... sous la direction d'un lieutenant d'artillerie en direction à Sedan.

Il a été présenté déjà ; cet officier — commandé lui-même — commença par une abrutissante série de marches et contre-marches qui n'en finissaient pas...

C'était, semblait-il, un peu trop jouer aux soldats !

Quand on eut suffisamment marché dans tous les sens, on aborda le canon !

Or, les manœuvres du canon furent faites dans la cour du château et celles des pièces de campagne à la fortification...

Mais on ne s'occupait guère du pointage, ce qu'il y avait de plus sérieux pourtant !

Les artilleurs ne connaissant pas assez l'emploi de la hausse pour pièces rayées, ne pouvaient guère tirer que dans le doute !...

Après les manœuvres, ou entre deux exercices, les sédentaires étaient astreints aux travaux de terrassement.

Un beau jour, Arnould-Nicaisse avait pris, pour aller au chantier, une hotte contenant du pain, du saucisson et du champagne ; comme il passait pour un « carotier » de premier ordre et qu'il coupait au travail dans la mesure du possible, on l'envoya faire une corvée inutile !...

A son retour, Arnould courut à sa hotte... et vous devinez déjà que vivres et champagne manquaient à l'appel.

Le marchand de draps, toujours de belle humeur, se mit du côté des rieurs ! Un autre soir, au château, Arnould étant de garde, avait demandé à s'absenter pour aller dîner à six heures et demie ; on lui accorda la permission, mais le roublard ne rentra qu'à dix heures et demie, c'est-à-dire après avoir manqué son tour de faction !.... Il n'avait pas perdu pour attendre, car à onze heures on le collait en faction à la poudrière du Fer à Cheval, porte fermée par une barrière et il y demeura jusqu'à cinq heures du matin !...

Lorsqu'on releva Arnould, en présence des artilleurs Gobert, Courtehoux, Ninnin jeune, Perrin, entrepreneur de camionnage et le maréchal des logis Germain, le pauvre factionnaire n'avait pas chaud !

Pour se remettre il courut derrière le lit de camp où il avait caché un flacon de fine champagne.... Mais l'infernal Perrin avait passé par là !...

Arnould ne récrimina pas !.................
....

Le 31 Août, à six heures du matin, aussitôt le rappel, tous les artilleurs se rendent à leurs pièces ; à sept heures et demie, le général de Beurmann, qui avait pris le commandement de la place, inspecte le matériel des batteries en recommandant de ne pas prodiguer les projectiles ! (un comble celle-là et c'est à supposer que le général ignorait que chaque pièce n'avait que trois coups à tirer) !

A neuf heures du matin, une colonne de Prussiens monte de Wadelincourt pour prendre possession du chemin des Romains. Le lieutenant Allaire, qui se trouve en ce moment avec Germain, à gauche de la porte de Paris, écrit en hâte un mot au maréchal de Mac-Mahon, pour le prévenir des dispositions prises par les batteries prussiennes, sur l'un des versants de la Marphée.

Le maréchal demande à Perrin, envoyé du lieutenant, ce qu'est la Marphée.

— Maréchal, répond l'envoyé, c'est une forêt au sud de la ville.

Le maréchal demande aux officiers d'état-major, ceux qui sont encore montés, afin d'aller en reconnaissance et il fait recommander, surtout aux artilleurs sédentaires, de ne pas tirer. (Historique).

Sur les remparts, la journée s'achève dans l'inaction complète... Le soir, on se rapproche d'une casemate, où l'on doit passer la nuit en compagnie des artilleurs des six pièces de gauche.

Là encore reparaît Arnould qui ne tarit pas une seconde, conte blague sur blague, pour empêcher les camarades de ronfler... A la fin chacun cède au sommeil et le marchand de draps se couche dans une brouette relevée, les deux bras en l'air.. Et comme il avait les narines fort ouvertes, son ami Perrin s'amuse à lui faire tomber de la poussière très doucement dans l'appareil olfactif...

Arnould éternue trois ou quatre heures sans discontinuer et la nuit, qui ne ressemblait guère à la veillée des armes, s'achève au milieu de l'hilarité générale...

Le 1ᵉʳ Septembre, un escadron de chasseurs d'Afrique, tout nouvellement arrivé, stationne au pied du bastion ; vers neuf heures, les batteries prussiennes qui, la veille, avaient reconnu le chemin des Romains s'y rendent pour installer tout d'abord deux pièces faisant face à la colonne montante ; un maréchal des logis de l'armée active pointe une pièce chargée d'un obus rond qui va tomber à 20 mètres environ au-dessus de la colonne ; alors deux pièces prussiennes montent et se mettent hors de portée pour tirer à leur tour. Nos six pièces étaient ainsi disposées : au centre, deux rayées de 12, commandées par M. Germain avec le brigadier Goëder et les artilleurs Payon ; Godfrin dit Hopsore ; Gardin, de la banque Ninnin; Caillet ; Drieux, coloriste à Balan; Off, fils du négociant en laines, etc., etc. ; à gauche, une pièce rayée et une autre lisse où se trouvaient MM. Jolly, Clin (fils de l'ancien agent de ville), Arnould, précité, etc. ; à sa droite, deux pièces rayées de 12, sous la direction de Jacoupy, brigadier.

Les pièces de M. Germain ne bougent pas encore, quand un obus se loge dans le bastion ; un second casse la hausse d'une pièce du poste de M. Jolly, coupe l'épaule d'un artilleur actif et vient éclater au pied des pièces du brigadier maître d'hôtel, un enfant de la Bourgogne !

Les artilleurs ennemis s'établissent définitivement à l'endroit où, à la faveur de la nuit, ils ont fait tailler des embrasures dans un petit bois pour se donner du champ...

Les pièces du centre, seules en direction du côté gauche, devaient quelque peu gêner celles qui bombardèrent la propriété de Guer, le couvent de l'Assomption et le bureau d'octroi de la porte de Paris.

Les pièces allemandes étaient placées à 1,500 mètres de la fortification (ainsi que M. Allaire l'avait indiqué aux artilleurs d'après les cotes du génie).

Devant le bombardement qui s'accentue, les sédentaires, moins le maréchal des logis Germain et le canonnier Payon aîné, qui restent assis au bas du parapet, se réfugient dans la casemate jusqu'à ce que le feu se ralentisse.

Quelques-uns filent du côté de Paruit en compagnie de ceux de la porte de Wadelincourt.

Vers deux heures et demie, on dit que l'état-major du roi de Prusse était descendu en dessous de la crête de Cheveuges pour juger probablement du résultat du combat d'artillerie sur l'Algérie.

Les deux pièces du centre reçoivent une charge et demie de poudre et, par prudence, les artilleurs tirent les toupilles fulminantes avec les cordeaux qui ont servi aux terrassements... Mais les projectiles passent bien au delà du but ! (1)

Au bruit formidable de cette double détonation, M. Payen, teinturier, qui avait quitté sa pièce, envoie un de ses ouvriers pour s'informer ; il est trois heures et demie quand les artilleurs prussiens ou bavarois, dont le pointage était vanté à tort, arrivent seulement à démolir une embrasure; le projectile atteint légèrement, au bras droit, un artilleur de l'armée active, qui se trouve presque enseveli sous la terre, de même que le chef de pièce.

(1) Tel ne fut pas le cas d'une pièce de 24, au Fer à Cheval, dont un obus alla se loger, sans éclater, dans le mur de clôture de la propriété de M. Hanotel, ancien brasseur. Celui-ci avait fait graver la date sur le fond du projectile, en supposant que la muraille resterait debout, mais elle a été démolie.

C'est alors que M. Germain, se voyant à peu près abandonné et n'ayant du reste plus la moindre munition, avise un commandant d'artillerie qui se promenait fort tranquillement au pied du bastion :

— Mon commandant, dit-il, ne pourriez-vous pas faire monter ici une de vos mitrailleuses afin d'arrêter le feu de l'ennemi ?

— Impossible, je n'ai aucun pouvoir...

Et la mitrailleuse portant à 2,000 mètres.... aurait fait merveille mieux que le chassepot à Mentana............................
....

Et pendant ce temps-là Arnould, un peu moins blagueur, flanqué de son *alter ego* Perrin, prédécesseur de Cassal, et d'autres bourgeois, rasaient les maisons pour gagner le pont de Torcy et la Sorille.

Jacoupy — en homme pratique — songeait qu'il ne pouvait laisser éteindre ses fourneaux après le feu des pièces ! Il trottinait ferme, toujours guilleret et la face épanouie émergeant au milieu de favoris folâtres.

Le teinturier Payen et les hommes de la pièce de Hugot — privés de leur chef — s'étaient repliés en bon ordre, et d'autres isolés n'avaient pas attendu pour se mettre en sûreté, qu'on hisse le drapeau blanc ??... Certains estaminets de Torcy, de la route de Paris et les cafés principaux de Sedan, regorgeaient de miliciens, comme à la descente d'une garde...

A « la France » Arnould — qui demeurait non loin de là — tient le crachoire pendant une heure en racontant comment il avait échappé miraculeusement à la mort... Il avait compté les obus qui passaient, et, du fond de sa casemate, il avait tout vu et entendu...

Cela ne portait pas à conséquence quand on racontait à bouche que veux-tu, la retraite précipitée d'un brigadier, sorte de Tartarin de Tarascon; pour ce bravache et quelques-uns de sa catégorie il faudrait la plume de Daudet...

Un artilleur — qui ne craignait ni Dieu ni diable — me rappelait qu'au premier obus prussien, qui coupa en deux un marcéhal des logis fourrier de l'active, l'émotion fut grande.

Pour la calmer et reprendre cœur au ventre, quelques sédentaires crurent prudent d'aller boire un verre de vin blanc chez Paruit ; du nombre se trouvait naturellement le rigolo Arnould qui se fit portraiturer, plus tard, par Mahy, en disciple de Sainte-Barbe, avec un canon sur l'épaule... comme un hercule forain.

Mal en prit aux sédentaires, car à peine étaient-ils assis au café Paruit qu'un obus entra... sans frapper et vint déranger l'aimable compagnie qui rompit *illico !!*

**

Mais revenons à nos remparts, avec l'artilleur Patez-Garguet, de la rue de Bayle, qui se trouvait à la porte de Glaire avec MM. Evrard-Javelot, maréchal des logis chef et associé de Entz-Lécluse;

Wiet, monteur de chardons et brigadier (1) ; Jules Laurent, beau-frère de François Décolon ; Collet, clerc de notaire chez M. Ninnin ; Emile Desban, ancien employé de la manufacture Antoine et aujourd'hui chez M. Henri Villain ; Alfred Donnay, courtier en laines, etc., etc.

Un nommé L..., se donnant comme ancien soldat, se proposait pour monter la garde à tant de l'heure... Il fallut expulser ce crampon par ordre d'un officier d'artillerie.

A côté de nos artilleurs ou plutôt en seconde ligne se trouvaient échelonnés d'autres miliciens armés du fusil à piston. L'un d'eux — qui était très énervé et n'eut pas tenu longtemps sous le feu — montait la faction près d'un épaulement ; à chaque instant il se levait, il se baissait et avec son fusil faisait semblant de mettre en joue... Ce brave à quatre poils cherchait on ne sait quoi ?...

Ce qu'on a ri sur le rempart !...

Après les héroïques charges de nos chasseurs d'Afrique et autres régiments de cavalerie, sur le plateau de l'Algérie-Floing, les Allemands en troupe serrée, s'avançaient sur la ville.

Le gros Jules Laurent dit :

— Est-ce qu'on ne pourrait pas leur envoyer une décharge ?

---

(1) Le pauvre Wiet, brigadier d'artillerie, était monteur de chardons à la manufacture Robert et fils. Lors de la catastrophe de la rue des Fours il fut blessé mortellement et inhumé, après les premières victimes, au cimetière Saint-Charles.

Les obsèques de ce brave homme, père de l'employé d'octroi, de la Cassine, ont été très imposantes et des paroles d'adieux ont été prononcées par le patron.

L'artilleur militaire délégué à la pièce, répond d'un air goguenard :
— Avec quoi ?
— Mais çà pardienne, répliqua Jules en indiquant un canon resté muet.

L'artilleur, les deux mains dans les poches, hocha la tête et s'écria :
— Mais avec çà vous n'iriez pas jusqu'au bout du talus.

Et nous avions des mitrailleuses sur le chemin de ronde !

Le 1er, vers deux heures du matin, quand l'ennemi fit sauter le pont de Villette, les canonniers couchés entre la porte de Paris et celle de Glaire furent réveillés en sursaut.

Chacun sauta sur son fusil et plusieurs balles furent envoyées au delà de l'enceinte, où l'on entendait marcher.

En mauvais français une voix dit : « Cessez le feu, vous tirez sur une ronde française... » Et l'on cessa le feu ! hum !

Durant la bataille, dans l'après-midi, un cavalier s'était avancé en face de Gaulier du côté du ruisseau de Fresnois ; deux cents balles furent tirées dans cette direction et sans résultat comme sur le pseudo-ulhan de la prairie de Sedan !

Et le cavalier mystérieux du ruisseau de Fresnois (qu'on pouvait supposer être un éclaireur ennemi) se retira fort tranquillement comme il était venu et moins vite que le mirage de la Fata Morgana !

. . . .

*
* *

M. A. Mazuel, gendre de l'hydroscope Gautherot, est originaire de la cité de Bayard, mais depuis le nombre d'années qu'il habite notre ville et qu'il appartient au conseil municipal, on peut dire qu'il est devenu Sedanais dans l'âme.

Aussi, en 1870, au premier appel de la municipalité il s'enrôla immédiatement dans l'artillerie sédentaire.

Le 31 Août, il se trouvait aux pièces faisant face au défilé de Saint-Albert (autrement dit le Sugnon); il avait pour maréchal des logis M. Ernest Gozier; comme toutes les pièces de 24, celles de Gozier, de Lambert et de Collet étaient placées sur le cavalier (à droite de la porte).

Le 1er Septembre, vers sept heures du matin, le capitaine Camus apporte à Mazuel de la part du lieutenant instructeur Caniant, une théorie volumineuse sur la mire en lui disant d'étudier la chose et de la faire circuler de pièce en pièce.

Après étude rapide M. Mazuel reconnut, comme d'autres artilleurs, que les vieux affûts n'étaient pas précisément faits pour les pièces. Il fallut scier les traverses en attendant les projectiles qui furent transportés du château aux remparts, dans un tombereau appartenant au sieur Logeux.

Les munitions composées pour chaque pièce de boîtes à mitraille, d'un projectile plein et d'un obus à ailettes, eussent pu éclater en route et produire des ravages épouvantables en pleine ville.

Logeux, quand il eut fini, jura qu'il n'y retournerait plus !

Peut-on concevoir pareille incurie quand, depuis dix ans, le génie avait fait construire des magasins militaires en dehors de l'immense poudrière de Torcy !...

Durant le mois d'Avril, les artilleurs avaient passé beaucoup de temps pour faire des embrasures ; or le 1er Septembre on a dû les démolir pour mettre les pièces en barbette, afin d'élargir le champ de tir !...

M. A. Mazuel nous a donné, en 1885, une étude sous la rubrique : *La question des eaux à Sedan*.

Dans un remarquable chapitre intitulé *Souvenirs de la bataille de Sedan et ce qu'on voit de la Marphée* on lit ce qui suit avec l'auteur qui se reporte au printemps de l'année 1873 :

« Une attraction à laquelle aucun Sedanais ne résiste, quand il va se promener au bois de la Marphée, c'est de se retourner à chaque instant vers la ville, au fur et à mesure qu'il gravit le chemin en pente extra-rapide conduisant à ce bois, l'admirable panorama qui éblouit ses regards émerveillés le cloue sur place ; il admire cette belle vallée sur la colline septentrionale de laquelle s'élève en amphithéâtre la ville de Sedan.

« Au second plan, dans les régions élevées, se voient Saint-Menges, Illy, Fleigneux, La Chapelle et autres lointains villages qui charment la vue.

« Derrière ces villages, en s'élevant encore, en s'élevant toujours, presque jusqu'aux nues, ce sont les montagnes boisées des bois de Sedan, du Petit-Terme, du Dos-de-Loup, etc..., s'étendant bien au-delà de la frontière belge ; c'est le commencement de l'antique et célèbre forêt des Ardennes, qui limite au troisième plan, en formant toile de fond cet inoubliable paysage qui fascine et impressionne, quand on s'est retourné une dernière fois pour le voir encore sur le point culminant de la crête précédant l'entrée du bois ; de ce point, le panorama se développe en amphitéâtre, des collines de Dom à Saint-Walfroy, sur une étendue de 40 kilomètres.

« Mais bientôt un sinistre souvenir assombrit le charme sous lequel vous étiez ; en baissant les regards çà et là autour de soi, on revoit les emplacements où l'artillerie allemande avait braqué ses pièces en 1870 ; ici, était la batterie qui a incendié l'habitation du Dijonval ; si ce monument historique de notre industrie nationale n'a pas été réduit complètement en cendres, c'est grâce à l'habileté et au courage de nos sapeurs-pompiers qui, malgré la grêle d'obus qui tombait sur cet édifice, ne le quittèrent pas avant l'extinction complète des flammes qui le dévoraient. Un peu plus loin, là, derrière un petit bois, c'était encore l'artillerie allemande qui, pendant près de deux heures, le matin de sept à neuf heures, lançait ses obus sur les pièces non abritées de nos fortifications, pièces servies par nous tous sedanais, improvisés artilleurs, après cinq semaines d'exercices pour aller au feu, et dont les pièces, sauf quelques coups de canon par ci par là, restèrent muettes faute de munitions. Il n'en a pas été de même de celles de nos ennemis en batterie sur la Marphée ; à Torcy, près de la porte de Paris, des soldats du corps débandé du général de Failly furent tués et blessés par leurs projectiles ainsi que des zouaves arrivés quelques minutes avant par un train qui avait été canonné par les Prussiens, dans son trajet depuis Dom jusqu'à Sedan. Nous avons eu aussi des victimes parmi les artilleurs sedanais : M. Hugot (porte de Wadelincourt) a été blessé mais il a heureusement survécu à ses blessures. Il n'en a pas été de même pour Thiriet, de Torcy, et notre regretté camarade François Congar, qui devait succomber, après quinze jours de cruelles souffrances, aux blessures qu'il avait reçues dans les reins et au sommet de la tête d'un obus éclatant à une vingtaine de mètres de la pièce qu'il servait près de la porte de Paris (1).

« N'ayant rien à redouter des canons de la place, toute l'artillerie allemande ayant pris ses positions derrière les bosquets isolés, situés sur le versant

---

(1) Congar était presque contre la porte de Paris, servant une pièce chargée de balayer la route de Bellevue ; c'est là qu'il a été blessé par les éclats d'un obus qui avait tué un cheval de gendarme (il était dix heures du matin).

Congar (François), frère du banquier et de Victor, qui fit la campagne au 75e de ligne à l'armée du Nord, était fabricant de draps à l'entresol de l'usine Gautier, au Pont de Meuse ; il avait été attaché et fondé de pouvoir à la Recette des finances et le 1er Juillet 1870 il quittait la draperie reprise ou continuée par Victor pour entrer à la banque commerciale de Congar et Cie.

D'après un témoin, François Congar, qui se trouvait sur les remparts de Torcy avec M. Stoffels et d'autres, en face de la maison de Guer, a bien reçu deux éclats d'obus : un à la cuisse et l'autre au front.

La blessure de la tête avait légèrement perforé la boîte cranienne ; on le reconnut un peu tard quand il fallut faire l'opération du trépan.

Malgré les soins les plus empressés le malheureux François expira le 26 Septembre, à l'âge de 38 ans.

Le 1er Septembre, au même moment où il était atteint, un obus trouait le toit de la maison Leroy, traversait l'étude de Me Gibert, notaire, et continuait ses ravages épouvantables dans le bureau particulier du banquier Congar qui faillit être tué et échappa par miracle aux éclats du projectile.

Comme il est dit plus haut, Victor fit la campagne du Nord et le 19 Janvier 1871 fait prisonnier à Saint-Quentin et conduit sur la place de l'Hôtel de Ville, il put s'échapper et servir encore dans l'armée de l'Est.

conduisant au bois de la Marphée, dirigea ses attaques sur le plateau de Floing ; leur canonnade dura depuis huit heures et demie du matin jusqu'à vers cinq heures du soir ; leurs projectiles firent d'épouvantables ravages dans notre armée ; à quatre heures, le plateau de Floing avait l'aspect d'un charnier, cette partie du champ de bataille était jonchée d'hommes et de chevaux tués ou blessés : c'était horrible à voir. Plus loin, sur le plateau d'Illy, une autre scène de carnage : là, c'était le général Margueritte et sa division de héros qui se faisaient tuer et blesser presque jusqu'au dernier. L'empereur Guillaume, spectateur de cette scène tragique sur le mont Piaux, se sentait bien à l'abri dans le château Paret, en voyant tomber, sous une pluie de fer et de plomb des siens, tous les braves commandés par Margueritte, s'écriait : « Ah ! les braves gens ! » Elles sont laconiques les oraisons funèbres prononcées par les souverains.

« Attristé par ses sombres souvenirs, voyant à nos pieds une ville, continue M. Mazuel, qui, si le lendemain à neuf heures du matin, heure indiquée par les vainqueurs n'avait pas capitulé, allait être réduite en cendres par le feu de quatre à cinq cents pièces d'artillerie formant cercle autour de ses remparts, artillerie défendue par une armée de 250,000 hommes, ville où ses 14,000 habitants, déjà très étroitement logés à cause de la ceinture de pierres qui étreignait ses habitations et qui contenait ce matin-là, 2 Septembre 1870, outre les voitures et les chevaux des convois suivant l'armée, encombrant toutes nos rues, les 67 à 70,000 hommes, reste de l'armée de Mac-Mahon (ayant pu entrer en ville depuis la veille) et qui se trouvaient entassés les uns sur les autres dans les maisons, sur les trottoirs et les places, dessus et dessous les voitures des convoyeurs obstruant les rues, au point de rendre la circulation impossible. Voilà quelle était la situation de Sedan ce matin là, 2 Septembre, à l'heure où se discutait la capitulation.

« Ne frémit-on pas d'horreur en songeant aux rivières de sang qui auraient coulé dans nos rues, éclairées par les flammes de nos maisons incendiées par les obus de nos ennemis, si cet épouvantable massacre avait eu lieu ; nos églises, notre collège, nos écoles, nos principaux magasins de draperie, convertis en ambulance après ces deux funestes journées étaient remplis de blessés ; il y en avait également un grand nombre chez les habitants ; en tout dix mille environ, d'après le recensement que nous en avons fait avec plusieurs de nos collègues du conseil municipal.

« Depuis la veille, nous connaissions cette implacable résolution de nos ennemis de bombarder la ville ; aussi le lendemain, à six heures du matin, nous étions tous à la mairie, attendant dans la plus cruelle anxiété, le sort qui allait être réservé à notre ville infortunée, et ce n'est qu'à dix heures que nous apprîmes que la capitulation était signée.

« Cet inoubliable supplice de l'attente du carnage, cette cruelle émotion, jointe à toutes celles qui nous étaient encore réservées, devaient être funestes à plusieurs d'entre nous, beaucoup ne

sont plus, et ces lignes doivent rappeler au petit nombre de nos collègues de cette époque néfaste qui restent, combien ont été terribles ces longues heures d'angoisses, pendant lesquelles on décidait du sort de notre ville, car une heure de bombardement suffisait pour atteindre l'horrible et barbare résultat que nous venons de décrire. Mais on capitula, les existences de ces foules compactes de soldats et d'habitants furent épargnées et nos demeures restèrent intactes..................
....

**

Pour faire diversion au récit, voici venir par l'ancienne porte de la Cassine les braves pompiers de Saint-Menges et de Floing qui ont répondu au mois d'Août 1870, à l'appel de leurs frères de Sedan, afin de monter la garde. Les sapeurs de Saint-Menges, organisés par l'officier M. Munaut-Hérard, comme ceux de Floing, commandés par M. Servais, doivent monter la garde au château, deux fois par semaine, et Saint-Menges fournira 13 hommes tous les deux jours.

Un beau matin, on envoie les pompiers de Saint-Menges en gare de Sedan, afin de garder et d'escorter jusqu'au château trois wagons de cartouches; deux heures après les munitions retournaient de la citadelle à la station, et chacun ne put que s'étonner d'un pareil manège ! (1)

---

(1) D'après M. Munaut, un ordre arrivé à la place durant la nuit disait que la voie ferrée était coupée et obstruée du côté de

Le 17 Août, M. le lieutenant de la subdivision de Saint-Menges, commandant le détachement des pompiers dirigés sur Paris, recevait du sous-préfet, baron Petiet, la lettre suivante :

« Monsieur,

« Je vous prie de faire connaître de suite aux hommes sous votre commandement, l'ordre du jour ci-joint.

« Je vous remercie personnellement de votre concours patriotique en cette circonstance.

« Agréez, etc. »

Voici l'ordre du jour :

« Le Sous-Préfet de l'arrondissement de Sedan,

« Vu les instructions ministérielles, transmises télégraphiquement, le 16 août, par M. le Ministre de l'Intérieur à MM. les préfets et sous-préfets, et appelant à Paris les pompiers de l'arrondissement :

Arrête :

« Le sieur Munaux-Hérard, lieutenant de la subdivision des sapeurs-pompiers de Saint-Menges est nommé commandant du détachement des pompiers dirigés sur Paris.

Longuyon ; il y avait en gare de Sedan, des wagons de cartouches qu'il fallut remettre à la poudrière du château.

Huit pompiers et quatre douaniers casernés au château formèrent l'escorte.

Trois heures après la remise des cartouches à la poudrière, un autre ordre fit réexpédier le tout dans la direction de Reims et de Châlons. Cela ne se fit pas sans mal, mais sapeurs et douaniers étaient heureux de leur sort. La ville fournissait le couvert et de généreux habitants adressaient du vin au poste du château.

De plus, à chaque descente de garde, le maire de Saint-Menges offrait le déjeuner au lieutenant et à ses hommes.

« Ce détachement se compose de trente-deux hommes.

« Il a été délivré au départ, au commandant du détachement, un mandat de trente-deux francs, pour indemnité de route de Sedan à Paris.

« Le Sous-Préfet. »

A titre documentaire la liste des 32 volontaires est ainsi dressée :

Floing. — Vautrin Pierre ; Ponsin Dominique ; Varinet Jean-Baptiste ; Catoul Camille et Meunier Ernest, caporal.

Fresnois. — Petit-Louis ; Riffle Ovide ; Riffle Jean-Baptiste ; Thierry Adolphe et Déloye Xavier-Nicolas, sergent-major de la subdivision et ancien sous-officier (1).

Saint-Menges. — Savard ; Rousseaux ; Brillant, caporal ; Ferry ; Gaignière ; Billy, caporal ; Jérémie ; Mathieu et Petit, sergents ; Moutarde ; Munaut, lieutenant.

Mouzon. — Lefèvre Philippe ; Eugène Dupré, sous-lieutenant.

Vrigne-aux-Bois. — Clauss ; Charles Maget ; Lallement Alfred ; Lebœuf Jean-Baptiste ; Jonard Jules ; Meyer Amédée ; Martinet Eugène.

Laneuville. — Lefèvre Célestin et Potier Donatien.

Le 17 Août, à la dernière heure, deux autres volontaires de Carignan, les sieurs Tilmant Jean-

---

(1) M. Xavier Déloye, aujourd'hui représentant de commerce est le frère du sculpteur Gustave ; il a été maire de Fresnois.

Louis et Jonet Célestin, demandaient à faire partie du détachement.

Une nouvelle missive sous-préfectorale invite le lieutenant Munaut à recevoir les volontaires d'Yvois et à leur faire délivrer des billets de logement et mandater leur solde (1).

Au moment de monter dans le train, les 34 volontaires apprirent qu'un contre-ordre avait été adressé à la Préfecture.

Le lieutenant Munaut ne s'attendait pas à cette véritable déception.

Le détachement ne partit pas et les 34 volontaires logèrent chez l'habitant.

Le lendemain M. le sous-préfet a passé le détachement en revue et un vin d'honneur a été offert après la remise d'une lettre de remerciement dont chacun rapporta copie dans la commune.

Le 31 Août, écrit un Saint-Mengeois, six batteries françaises d'artillerie arrivaient dans la commune ; il était neuf heures du matin.

Le maire Brincourt (2) — très remuant — fait appel au courage des pompiers et de la garde nationale en leur disant que l'ennemi s'avance du côté de Saint-Albert et qu'il faut lui disputer le passage.

Pompiers et miliciens — que le maire, cette fois avait oublié de suivre ! — marchent en tirailleurs du côté du Sugnon.

Le lieutenant Munaut — à cheval sur le service

---

(1) Le départ pour la gare eut lieu de la place Turenne ; le sous-préfet accompagnait le maire de Saint-Menges qui avait ceint l'écharpe tricolore.

(2) Maire de Saint-Menges de 1846 à 1871.

en campagne — envoie une patrouille qui rencontre de la cavalerie française du côté de Sainte-Appoline (1).

Un commandant d'artillerie, qui était à Saint-Menges, avait cherché à détourner les citoyens armés de leur projet audacieux et peu après un colonel du même régiment fait demander aux pompiers quatre hommes de bonne volonté pour aller chercher les ordres du général Ducrot qu'on suppose être du côté d'Illy, tandis que le général Marguerite répond aux envoyés que son collègue est entre Balan et Bazeilles.

Au retour des envoyés, le colonel tempête et ne sait ce qu'il doit faire puisqu'on ne lui donne aucun ordre !... Et il ne fallait pas six batteries pour empêcher de ce côté l'arrivée des Allemands !...

Pompiers et miliciens se rendent enfin à l'évidence et reviennent au village où un poste de 25 hommes doit occuper la mairie pour y passer la nuit ; il est sept heures du soir et dans une heure les feux des bivouacs français s'allumeront partout, du côté de la Garenne, sur le plateau de Floing, l'Algérie, tandis que dans la Marphée les canonniers ennemis se préparent ; de Saint-Menges on aperçoit sillonnant les nues, des fusées violettes, blanches ou rouges ; ce sont les signaux de l'armée d'investissement.

---

(1) M. Munaut, dit une pièce approuvée en 1876 par l'ancien maire de Saint-Menges et le maire actuel M. Richoux, était entré dans la subdivision, le 4 janvier 1846, dont il devenait le commandant le 16 juillet 1863, après interruption de 2 ans en 1848 pour services militaires au 3me régiment du génie. Il a assisté à plus de dix incendies et a combattu le feu de nombreuses fois. En août 1870, il a organisé la subdivision de Saint-Menges pour monter la garde en ville sur la demande des pompiers de Sedan, etc., etc.

Et le 1ᵉʳ Septembre, à huit heures du matin, comme on cherchait en vain après les six batteries françaises les Prussiens entraient à Saint-Menges.

....

Voici maintenant la version écrite du lieutenant, Munaut, sur les événements du 31 Août et du 1ᵉʳ Septembre.

31 Août. — Vers neuf heures du matin, cinq à six batteries d'artillerie françaises arrivent à Saint-Menges, par la route de Fleigneux, où les pompiers en tenue vont les attendre jusqu'au calvaire.

Le commandant du détachement demande au lieutenant si les chevaux et les hommes trouveront le nécessaire à Saint-Menges. — Vous serez bien reçus, commandant, fut la réponse.

Vers deux heures de l'après-midi, le commandant d'artillerie fait appeler le lieutenant de pompiers chez M. Manceau, pour prendre le café, et il lui dit que depuis Saarbrück, il n'avait pas rencontré un pays aussi patriotique que Saint-Menges où pompiers et gardes nationaux étaient tous armés....

—Mais, dit le commandant, vous n'avez qu'une chose à faire bons patriotes, c'est de faire partir vos femmes et vos enfants en Belgique, car demain il ne sera peut-être plus temps ; tenez les hauteurs de votre pays, entrez dans le bois et ne vous faites pas prendre par les Prussiens, car vous seriez prisonniers ou mieux encore fusillés.

Les pompiers de Saint-Menges avaient à leur disposition environ 3,000 cartouches.

A cinq heures du soir, M. Brincourt (Hector)

appelle les officiers et sous-officiers des pompiers et des miliciens et leur dit :

— Les Prussiens sont à Saint-Albert, il faut marcher de l'avant et courir sus à l'ennemi.

Le lieutenant Munaut — qui se souvient de la recommandation du commandant d'artillerie — dit qu'on ira pas à Saint-Albert pour se faire prendre dans une souricière.

— Et bien, reprend le maire, si vous n'y allez pas, pompiers et gardes nationaux, j'irai seul !

— Nous irons, répliqua le lieutenant Munaut, où le devoir nous appelle, mais non pas à l'aventure....

Pompiers et gardes nationaux se déploient en tirailleurs sur les hauteurs de Saint-Albert ; ils sont là 75 hommes environ qui aperçoivent l'ennemi du côté de Donchery. Des tirailleurs descendent à Sainte-Appoline où se dissimulent, vers le Sugnon, 150 chasseurs à cheval.

Un officier dit aux citoyens armés qu'ils n'ont que faire en cet endroit, puisque lui-même ignore ce qu'il doit y faire ! (sic).

Pompiers et gardes réintégrent Saint-Menges ; un poste de 25 hommes occupe la mairie ; le soir on organise les patrouilles qui circuleront toute la nuit tandis que les chasseurs à cheval se retirent par Vrigne-aux-Bois pour gagner Mézières...

Il est neuf heures du soir ; un colonel d'artillerie qui était arrivé dans la journée fait mander le lieutenant Munaut à la ferme de Mathieu Dépaquit en haut du village ; c'est là où les batteries étaient réunies.

Le colonel demande quatre sapeurs pour porter

une lettre au général Ducrot (le récit correspond à celui qui précède et le colonel ne reçoit aucun ordre formel).

C'était à peu près partout la même chose !

1ᵉʳ Septembre. — Le lieutenant Munaut revoit le commandant d'artillerie qui lui dit :

— « Mon ami, il faut changer d'uniforme vous et vos braves pompiers de Saint-Menges, car vous courez un grand danger. »

On écouta l'officier, chacun quitta le casque, la veste, le pantalon à liseret et le fusil...

Peu après les batteries françaises s'en vont par le chemin de la Belgique, tandis que les Prussiens tirent des hauteurs de Saint-Albert où les 75 Saint-Mengeois avaient stationné la veille...

Un civil nommé Bertrand est tué.. . . . .
. . . .

Ici s'arrête la communication de M. Munaut.

**
* **

Le 25 Juillet, un détachement de soldats de la douane commandé par un officier et fort de trente hommes de troupe, sous-officiers compris, arrivait à Sedan, à la demande du commandant de place, et était caserné au Donjon.

Voici la copie de l'ordre de la place, en date du 26 Juillet :

« Par suite de la mise à la disposition de l'autorité militaire d'un détachement de soldats de la douane, les postes de la porte de Paris et de la porte du Ménil seront fournis jusqu'à nouvel ordre par les soldats de la douane.

« Porte de Paris : un sous-brigadier et six hommes ;

« Porte du Ménil : un sous-brigadier et quatre hommes.

« Le service des soldats de la douane placés au poste de la porte de Paris, consistera dans une surveillance intérieure et extérieure des remparts, depuis le Bourrelet jusqu'à la porte de la Sorille, surveillance qui s'applique particulièrement aux bouches à feu et aux personnes qui pourraient paraître suspectes, la nuit surtout ; la sentinelle fournie par le poste de la porte du Ménil sera chargée de la surveillance sérieuse de la poudrière de la Maquette ; le chef de ce poste surveillera également les abords de la porte du Fond-de-Givonne ; son attention se portera comme celle des sentinelles volantes de la porte de Paris sur les gens de mauvaise mine et d'apparence suspecte. Ces postes n'auront pas de sentinelle devant les armes et les hommes qui ne seraient pas de service ne quitteront pas le poste ; l'appel du soir pour les douaniers se fera à dix heures et passé cette heure aucun homme ne sortira sans une permission écrite de l'officier, chef du détachement, visée par le commandant de la place. »

CHAPITRE IV.

Au Palatinat (relations de M. Letellier-Oudart et de M. Auguste Philippoteaux fils). — Au fort Nassau (carnet de M. Léon Pierrard). — Derrière le Petit Quartier. — A la porte du Ménil. — Au Grand Jardin. — Sur le Bourrelet. — Derniers échos. — Les Francs-Tireurs sedanais et les Volontaires.

M. Victor Letellier était désigné au commandement des pièces du Palatinat. Le 31 août, tout était en ordre sur le fort; en sa qualité d'ancien maître ouvrier d'artillerie il connaissait très bien les pièces de 24 et à l'aide de l'instructeur Caniant ou Cagniant, notre concitoyen avait pu mettre en note les cotes exactes des déviations et des hausses en raison des distances qu'il ne pouvait manquer de connaître jusqu'à l'horizon qui ferme la Marphée.

Ces pièces de 24 étaient très bonnes, mais mal montées; pour répondre au feu des Allemands qui se trouvaient derrière le bois de Wadelincourt on ne pouvait avoir suffisamment de hausse; il fallut enlever la vis de pointage et les écrous, afin de pouvoir baisser la culasse; un coin remplaça la vis et le pointage put se faire avec des données absolument exactes.

Le 31 août au soir, M. Letellier étant de ronde d'officiers ne rentra que très tard à son domicile, car il avait fallu visiter une quantité de postes et de sentinelles.

M. le commandant Melcion d'Arc faisait montre de patriotisme ; il avait donné à trois ou quatre gardes d'artillerie toute sa confiance ; il leur passait le mot d'ordre chaque jour, car il appréhendait des escarmouches ou des surprises !

Le 1er Septembre, M. Letellier, qui avait été prendre un peu de repos, fut réveillé à temps pour retourner à son poste où les pièces de 24 étaient entourées par de jeunes artilleurs de l'armée active qui voyaient sans doute ce calibre pour la première fois !

Les artilleurs sédentaires du Palatinat étaient tous présents à l'appel quand ils virent arriver le général de Beurmann.

« Je le verrai, toute ma vie, sa figure ruisselante de sueur, et laissant entrevoir la plus grande inquiétude.

« Il s'assurait si tout était au complet, mais il ne pouvait donner encore aucun renseignement sur les positions de l'ennemi ; il me suppliait — comme s'il eut parlé à un frère, à un ami — de ne faire usage des pièces que lorsque je serais certain de tirer sur des Allemands, et, à cet effet, il ajouta : je vous nomme le commandant du fort »........
....

« Il était à peine descendu que montait une compagnie de 83me de ligne avec son capitaine M. Chevillot qui portait le sac comme un troupier. Ayant mis sac à terre le capitaine est venu nous saluer ;

et en réponse aux renseignements qu'il demandait on lui dit que le général de Beurmann venait de nommer le commandant du fort ; le capitaine très amicalement répondit qu'il savait bien que s'il y avait une évolution à faire faire à sa compagnie l'officier d'artillerie ne s'en occuperait pas.

« Il y avait aussi sur le fort une compagnie de mobiles ; le lieutenant Charles Vesseron (*Dick* du *Nord-Est*) en faisait partie.

« Nous avons déjeuné avec le capitaine Chevillot dans la poudrière du fort et à peine avions-nous fini qu'on signala entre le bois Pinaud et la Marphée le défilé de cuirassiers qui venaient de Pont-Maugis et se dirigeaient sur Frénois. Impossible de se rendre compte bien exactement si les cavaliers étaient français ou allemands ; il n'y avait que la couleur de la culotte pour les distinguer. Mais malheureusement nos jumelles ne rendaient pas la teinte à cause du soleil aveuglant qui avait succédé au brouillard.

« Il y avait sur le fort deux soldats du régiment des guides qui avaient été envoyés pour faire la correspondance ; ils avaient leurs chevaux en bas du fort. Je les ai envoyés à la place avec un mot demandant si c'était des Français ou des Allemands qui passaient ?...

« On n'a rien pu me dire !...

« Le lieutenant y renvoya deux artilleurs ; même réponse !!

« Quoique j'étais à peu près convaincu que les cuirassiers du bois Pinaud étaient des Allemands, je me suis souvenu de la recommandation paternelle du général de Beurmann ; je n'ai pas tiré et cependant mes deux bonnes pièces de 24 auraient pu marquer le point !...

« Un peu de temps après nous avons vu, venant du bois de la Marphée, des obus tomber dans le bois Pinaud ; on voulait voir si ce bois était occupé par des Français, puis ensuite, j'ai vu des reconnaissances d'infanterie ennemie venir prendre possession du bois et dans le même moment un certain mouvement significatif s'est produit entre le bois de Wadelincourt et celui de la Marphée...

« Cette fois, plus de doute, les Allemands prenaient position... Immédiatement, j'ai fait mettre mes pièces en batterie et comme je pointais, un commandant d'artillerie qui était depuis deux ou trois jours à Sedan — pour remplacer Caniant, je pense ? — est venu vérifier le pointage ; il m'a obligé de pointer selon ses données, et, malgré que je lui faisais remarquer qu'avec les renseignements que j'avais, je ne pouvais me tromper ; il n'a rien voulu entendre !...

« De colère, j'ai attrapé un levier de manœuvre, j'ai obliqué la pièce à droite en lui disant que je ne voulais pas brûler Wadelincourt ; j'ai commandé le feu et le projectile est allé tomber justement à 5 ou 600 mètres du chemin de fer. Il y avait à ce moment des officiers sur le fort qui ont ri du commandant ; celui-ci est parti et je ne l'ai pas revu...

« Aussitôt ce premier coup tiré — quoiqu'il n'avait pas été dirigé où étaient les Allemands — nous avons eu une réponse d'importance et depuis nous n'avons pas cessé d'entendre siffler les projectiles ; nos pièces ont répondu bravement.

« Avec les renseignements que j'avais, le tir n'était pas trop mal et le pointage se trouvait rectifié par les notes que me donnait le capitaine Chevillot qui, à chaque coup, se portait sur le côté pour voir avec mes jumelles où tombait et éclatait le projectile...

« Nous avons vu, à diverses reprises, les batteries remonter au galop, voulant sans doute éviter les éclats d'un projectile tombé à côté et qui allait éclater ; assurément, on leur a fait du mal !...

« Vous savez que les pièces étaient placées en barbette, c'est-à-dire elles rasaient le dessus du fort ; il fallait pour pointer se placer en plein à découvert ; ce n'était pas sans danger, car il passait une quantité de projectiles au-dessus de nos têtes ; je me souviens même qu'il en est passé si près de la mienne que mon képi a volé à terre...

« Il fallait aussi un grand sang-froid des premiers servants qui, eux aussi, s'exposaient beaucoup en chargeant la pièce, car on répondait à nos coups de tous les côtés ; on tirait sur nous de derrière le bois Pinaud, puis entre Pont-Maugis et ce bois, puis encore du côté de Frénois... On s'y habituait, mais je vous affirme que les projectiles sifflaient en quantité !!...

« J'ai eu comme aide et sans qu'il ait bougé d'une seconde depuis le matin jusqu'au soir, le fourrier Philippoteaux fils. Il a travaillé tout autant que moi avec un sang-froid étonnant. Il y avait aussi un trompette de notre batterie, un nommé Nicolas ; puis un nommé Messinger et d'autres que j'oublie ; les uns ont servi fidèlement les pièces, tandis que leurs camarades allaient au château chercher les charges. Je ne parlerai pas de ceux qui furent obligés de se retirer au début pour une raison quelconque !...

« Pendant ce combat d'artillerie, les Bavarois s'étaient avancés jusque dans la ferme du Petit-Pont ; c'est en observant nos coups, mes jumelles en main, que le capitaine Chevillot est tombé percé d'une balle dont il mourut trois jours après.

« Le feu des pièces a été suspendu et pendant ce temps les Bavarois nous envoyaient des balles ; il y avait à l'angle des premiers jardins donnant sur le chemin du Petit-Pont, des planches en forme de palissades, derrière lesquelles l'ennemi était embusqué.

« Les mobiles passaient leurs armes chargées aux artilleurs et au lieutenant qui tirèrent sur les palissades et sans les atteindre ; cela n'était pas la faute des tireurs mais des fusils à tabatière... d'une précision douteuse...

« Pendant cette journée et au moment de la sortie de Wimpffen, il y avait sur le fort du Palatinat beaucoup d'officiers qui avaient perdu leur régiment et qui étaient là... en vrais spectateurs !!

« Le général du génie Ducasse, accompagné de son capitaine d'état-major, vint plusieurs fois sur le fort pour se rendre compte de la situation (1).

« Vers la fin de la journée, les balles, continue M. Victor Letellier nous arrivaient du Moulin-

---

(1) Un artilleur du Palatinat a dit à ce sujet ce qui suit : « les officiers de l'active qui étaient sur le fort ont désigné au général Ducasse, le lieutenant Letellier comme ayant fait preuve d'un sang-froid imperturbable en pointant les pièces de 24.
Le général prit le nom du commandant et le félicita en présence de tous.

à-Vent ; cette fois nous avons échangé avec les Allemands une grande quantité de coups de fusil, mais on nous avait passé des chassepots... Je me souviens qu'on tombait dru au delà du fossé...

« Sur le fort, où nous étions mélangés avec diverses troupes, on a eu des tués et des blessés ; je ne saurais vous en dire le nombre ; mais je me souviens toujours d'un jeune caporal du 83me qui était étendu en plein milieu du fort ; nous cherchions sa blessure sans la trouver de suite, une balle l'avait percé d'oreille à oreille.

« Mon oncle, Letellier-Donné, venait pour m'annoncer la mort de mon frère tué dans la maison Monard, comme vous savez ; il s'adresse à un soldat qui, en le renseignant, est tombé tué raide d'une balle ; mon oncle s'est empressé de redescendre sans m'avoir vu et je n'ai appris le malheur qui nous frappait qu'en rentrant chez moi.

« Occupé à notre fort, nous n'avons pu voir ce qui se passait plus bas ; mais je sais qu'il y avait là des dévoués comme Noël et Lariette ; ils auraient fait, et beaucoup d'autres du reste, exactement comme nous s'ils en avaient eu l'occasion.

« Cette journée eut des suites et des incidents qui pourraient être racontés : je ne vous en citerai qu'un. Peu de jours après la bataille, nous avions convenu, avec Noël d'aller voir notre tir derrière le bois Pinaud ; nous sommes partis, à cheval, par Bazeilles, le bac de Remilly, Pont-Maugis ; nous avons pu arriver sans encombre (il était alors expressément défendu de parcourir le champ de bataille) derrière le bois en question.

« Nous avons vu la place des batteries, les trous

faits par nos projectiles à côté des roues des pièces ; nous avons vu des morceaux de roues, puis un tumulus. J'ai donc acquis la conviction que nos pièces avaient bien travaillé.

« Nous voulions éviter Wadelincourt et rentrer par la porte de Paris ; mais en passant à 100 mètres du village, nous avons vu une compagnie de Prussiens se mettre à genoux et nous mettre en joue ; à ce moment, j'agite mon mouchoir et lance mon cheval au galop sur eux ; en arrivant près du capitaine, nous le saluons et il nous oblige à suivre la route de Wadelincourt...

« Et je me souviens que Noël, avec son flegme habituel, m'a dit : Nous l'avons échappé belle (1) ! »

....

Rien à ajouter à cette relation, dont la fin prouve que nos pièces de 24, aux mains de praticiens, ont dû laisser quelques souvenirs dans les rangs de l'ennemi.

**

Voici l'intéressant document que m'adresse M. Auguste Philippoteaux fils.

Les deux batteries d'artillerie formées dans les premiers jours d'Août 1870 ne devaient primitivement avoir qu'un effectif de 100 hommes chacune.

---

(1) L'auteur n'a pas cru devoir modifier la rédaction primitive du journal de M. Letellier, mais par une lettre rectificative adressée quelques jours après, celui-ci avait signalé la confusion qu'il avait commise entre la grande reconnaissance de cavalerie du 31 août et le mouvement de troupes de la matinée du 1ᵉʳ septembre. Il est en effet certain que cette partie du récit se réfère à la journée du 31 août.

A la date du 14 Août la répartition du personnel fut effectuée en trois pelotons de deux pièces. Voici la composition officielle de la deuxième batterie :

1ᵉʳ peloton, 1ʳᵉ pièce.

Hugot, maréchal des logis ; Lariette, brigadier; J.-B. Husson, Duverger, Demour, Vaillant, Dorigny, Norbert Hupner, Moulnier, Lemonnier, Depaquit, Baurin et Gandillon, artilleurs.

2ᵐᵉ pièce.

Prulay, maréchal des logis ; Pognon et Eugène Hupner, brigadiers ; Eugène Colas, Debouché, Adnesse-Darbour, Ambroise Lambert, Fierron-Darbour, Joseph Dubois, Fairy, Tassigny, Houssiaux, Masset, Lapertaux, Girault et Victor Henry, artilleurs.

2ᵐᵉ peloton, 3ᵐᵉ pièce.

Melchior Brière, maréchal des logis ; Tarpin, brigadier ; Lefort, Briancourt, Larue, Dehaye-Raulin, Martin, Lemaire, Noirot, Conrot, Raulin, Paruit, Remy et J.-B. Equerre.

4ᵐᵉ pièce.

Martinot, maréchal des logis; C. Lallement et Noël, brigadiers ; Darbour-Poirier, Thomas-Ducheny, Gustave Darbour, Victor Hanotel, Menu, Rouy-Ducheny, Ernest Mahulot, Tarnus, Quinet, Léon Payen, Bogny, Léon Dorigny, Gibrien et Renault-Many, artilleurs.

3ᵐᵉ peloton, 5ᵐᵉ pièce.

Victor Payen, maréchal des logis ; Paul Gauchy,

brigadier ; Mérieux, de Guer, Claude Remy, Egrot, Noblet, Etienne Husson, Dabernat, Victor Lamotte, Lassance, Renaud, Bordes et E. Dubois, artilleurs.

6ᵐᵉ pièce.

Gustave Dieu, maréchal des logis ; Dupont, brigadier ; J.-B. Reiff, Malicet, Ferdinand Renaud, Denau, Sailliet, Henry Dubois, Isidore Tillement, L. Drumière, Jules Dehaye, Gobron, Damuzeaux, Maublanc, Maujean, J.-B. Evrard et Laurans, artilleurs.

A la date du 19 Août, MM. les capitaines d'artillerie furent invités et autorisés à porter l'effectif de chaque batterie à 120 hommes. La place avait constaté l'urgence de cette augmentation pour servir efficacement les pièces dont le tir était indispensable en cas de démonstration ennemie.

Cette augmentation d'effectif fut réalisée et je crois même que le chiffre de 120 fut notablement dépassé (1), mais je ne possède point les noms des nouveaux incorporés.

L'encadrement ci-dessus relaté ne fut guère que platonique ; il servait pour les manœuvres avec fusil et ce côté de notre éducation militaire fut terriblement négligé. Mais l'éducation fut plus sérieuse quant à la manœuvre des pièces ; et dès le 17 Août le cadre plus 40 hommes furent affectés aux pièces défendant les points les plus menacés.

Ordre leur était donné de s'y rendre individuellement et de suite en cas d'alerte.

---

(1) En effet, d'après le capitaine Camus, la première batterie aurait comporté 4 officiers et 165 sous-officiers et artilleurs.

Voici cette première désignation des pièces et des chefs de postes :

2me batterie d'artillerie.

Emplacement des pièces à servir et indication des chefs de postes.

Bastion gauche de Torcy.

Ybert, lieutenant ; Hugot et Payen, maréchaux des logis ; Gauchy et Payon, brigadiers.

2 pièces de 16, 2 canons obusiers de 12.

Bourrelet.

Auguste Robert, lieutenant ; Dieu, maréchal des logis ; Dupin et Hupner, brigadiers.

3 canons obusiers de 12.

De la place Verte au bastion de Turenne et Palatinat.

Letellier, lieutenant ; Martinot, maréchal des logis, bastion de Turenne ; Prulay, maréchal des logis, 2 canons de place à la corne basse du Palatinat, caserne du Ménil ; Noël, brigadier, à l'obusier, à la corne basse du Palatinat, caserne du Ménil ; Lariette, brigadier, au canon obusier, au-dessus du pont-levis de la porte de Balan ; Brière Melchior, maréchal des logis, 2 canons de place au Palatinat ; C. Lallement, brigadier, à l'obusier de 22 au Palatinat.

Mais, dans les derniers jours, diverses modifications furent faites par M. le lieutenant Cagniant tant par suite de l'augmentation de l'effectif qu'à cause de la nécessité du service des nouvelles pièces.

Voici, à la date du 31 Août, les hommes affectés aux pièces du Palatinat tels que je les relève sur le carnet où je les inscrivis sous la dictée du lieutenant Letellier :

Corne basse du Palatinat.

Canons de 24 rayés, pièce de gauche : Payon, maréchal des logis, Lallement, Demour, Robert, Vaillant et Loiseau ; pièce de droite : Maujean, brigadier ; Miny, J.-B. Husson, E. Husson, Dumet et Ducheny.

Obusier de 22 : Lallement, brigadier ; Gérôme et six mobiles.

Corne haute du Palatinat.

Canon obusier de la porte de Balan : Lariette, chef de pièce ; Dabernat, Mérieux, Gandillon, Masset, plus Thierry et Renaud, mobiles.

Obusier dit derrière la traverse (pointe sur la route de Balan) : Dépaquit, chef de pièce.

Canons de place, calibre 16, pièce de gauche : Noël, brigadier ; Larue (?), Renaut, Conrot, Raulin, Débouché, plus Tarpin et Froment, mobiles, pièce de droite : Briancourt, chef de pièce ; Girault, Duverger, Lambert, Ravigneau, Lefort, plus Louis Petit, mobile.

Le service des pièces pendant la journée du 1er Septembre dut être à peu près conforme à cette désignation de la veille. Quant aux artilleurs déplacés, ils avaient été, je crois, envoyés nuitamment au fort de Nassau où devaient, entre autres. se trouver le maréchal des logis Martinot.

Mais attaché par mon service au lieutenant

Letellier-Oudard qui n'a point quitté de ces deux jours l'avancée du Palatinat, je n'ai ni documents ni souvenirs précis sur ce point.

Relation de M. Léon Pierrard. (1)

La batterie du fort Nassau.

Notre recrutement et notre instruction militaire furent des plus hâtifs et on n'a jamais bien su au juste quelle fut la règle adoptée pour ce recrutement ; de même qu'on ignorera toujours sans doute sur quoi fut basé le choix de nos chefs. Evidemment, pour quelques-uns, on s'inspira d'anciens services militaires, mais pour d'autres, la promotion fut laissée au choix !

En fait de chefs, notre batterie ne connut guère, en dehors des chefs d'ordre militaire, qui présidaient à nos exercices, que ceux dont les noms suivent : MM. Meunier-Francourt, Payard-Poterlot et Letellier-Oudart, lieutenant.

Le premier, très aimé, très sympathique ; le deuxième qui avait à son flanc un magnifique sabre, à la courbure hardie du yatagan, nous inspirait un sentiment de surprise un peu craintive. Quel homme, quel feu, quels mouvements !

Quant au troisième, il avait servi dans l'artillerie et portait bien la tenue.

---

(1) Notre ami a écrit cette relation au cours de la cruelle maladie qui vient de l'emporter.
Dans un moment de répit, il a pu tracer d'une plume très alerte encore ces notes qui dépeignent bien l'homme, l'humoriste et l'observateur.
Cette page restera dans le récit comme un souvenir de l'ami regretté de tous ceux qui l'ont réellement connu et apprécié.

Il y avait aussi le brave et l'ineffable Antoine-Lacroix dont le grade ne fut jamais bien connu ; était-il adjudant, margis-chef ou margis-fourrier ? qui aurait pu le dire ? Il était revêtu d'un superbe uniforme composé du pantalon et du képi d'ordonnance de l'artillerie, mais ce qui le distinguait surtout c'était une vareuse longue et ample de son invention, vêtement commode, chaud et confortable. Le col était rabattu et orné d'attributs en drap rouge ; d'aucuns voyaient en ces emblêmes deux canons croisés, d'autres prétendaient que cela représentait deux tibias, attributs macabres dignes de canonniers de la mort ! Ceux qui avaient la notion exacte des choses disaient que ça ressemblait à deux os de grenouilles !...

Antoine-Lacroix était en définitive le factotum des batteries sédentaires ; il se multipliait ; était partout ; c'est lui qui était le dispensateur des petits grades ; il nommait tout le monde brigadier !

On nous avait armé d'un vieux flingot ; l'ancienne clarinette de cinq pieds, cafutée depuis longtemps dans l'armée, fusil à chien se chargeant par le canon, dont le diamètre était de près de deux centimètres, à balles coniques et dont les amorces étaient de magnifiques capsules crenelées ; la portée en était médiocre et l'arme était digne d'aller dans les musées plutôt que de servir même à des gardes nationaux. Une superbe bayonnette complétait cet armement et c'était tout ! Nous autres, nous nous étions ingéniés à compléter le fourbi ; d'abord, à peu d'exception près, nous nous étions pourvus — chez Rambour — d'un képi de canonnier, puis quelques-uns avaient joint un ceinturon, une giberne, etc. Aucun, sauf nos chefs, ne s'était fendu du pantalon et de la vareuse.

Et cependant les chefs militaires qui nous commandaient au début nous engageaient à adopter l'uniforme et les habitudes militaires.

Un jour, entre autres, tous les artilleurs sédentaires furent appelés à se réunir en la cour du château bas, palais des princes, emplacement du square actuel du mess. On nous plaça sur deux rangs et le petit doigt sur la couture du pantalon, fixes et immobiles, nous entendîmes une harangue pleine de feu et de flammes patriotiques prononcée par un diable de petit bonhomme, haut comme une botte, mais qui se démenait comme quatre, c'était le commandant de place Melcion d'Arc (qui était, dit-on, un arrière-petit-neveu de la pucelle) et qui nous exhortait à la discipline, au zèle, au dévouement et au sacrifice ! Il excitait notre feu et notre valeur guerrière, nous disant que d'un jour à l'autre nous pouvions être appelés à combattre et à tenir tête à l'ennemi ; que les postes à nous confiés étaient périlleux et demandaient le sang-froid et l'énergie d'hommes aguerris et résolus. L'éloquence de cet officier était communicative ; plein de véhémence, ayant une mimique impossible, battant les bras, lançant son pied au derrière de chiens qui s'étaient aventurés auprès de lui. La scène ne manquait pas de grandeur, mitigée d'un certain aspect risible. En un mot c'était tragi-comique !

Les événements étaient à ce moment-là très graves ; c'était vers le 18 août et nous n'avions pas besoin d'être beaucoup remontés ni excités. Nous ne comprenions que trop la situation. Les faits se préparaient lentement, sourdement ; la marche tortueuse, sinueuse de Mac-Mahon de Reims à Sedan s'accomplissait péniblement, comme à tâtons, comme à regret. On attendait le coup de chien et cette attente avait quelque chose d'horrible, d'énervant, d'horripilant. Le patriotisme, le courage, la résolution en ces moments-là, sont tout ce qu'il y a de plus naturel ; on ne saurait faire autrement ; nous n'avons guère vu dans nos rangs de trembleurs et d'hésitants. C'était tout le contraire, on attendait fébrilement, impatiemment — le contact, la bataille. — On voulait voir de près ces féroces allemands, doutant de leur réelle valeur et attribuant à la chance seule les succès qu'ils avaient eus jusque-là. On était persuadé qu'un jour ou l'autre la déveine leur viendrait et qu'alors ce serait pour eux une débâcle inouïe, une désorganisation épouvantable, la fuite et la retraite, honteuse et sans rémission.

Dans notre candeur d'artilleurs sédentaires nous supposions que notre rôle de belligérants rendrait de réels services et que nous étions appelés à faire payer cher à l'ennemi son audace, sa témérité et son incursion sur un sol que tout cœur français considérait comme sacré, inviolable............

Donc, on nous exerçait sans trêve ni merci ; du matin au soir nous étions occupés : passant de l'exercice du fusil à la manœuvre du canon. Nos loisirs étaient employés à des travaux de terrassements et d'appropriation des batteries, dont quelques-unes, malgré leurs récentes confections ou réfections étaient en mauvais état, assez mal défendues et protégées. Quand on se souvient de ce lieutenant d'artillerie qui avait organisé ces travaux défectueux et les avait fait exécuter en dépit du sens commun par diverses escouades d'artilleurs qu'il avait eues de longs mois sous ses ordres ; quand on revoit ce fringant officier se promenant et caracolant sur son cheval brun, au plus haut talus de nos fortifications, paradant et ayant l'air de tout défier ; quand on se souvient que cet irascible lieutenant d'artillerie nous menaçait tout le temps, dans nos exercices, de nous casser la tête de son revolver, on se demande franchement dans quelles mains était placé l'armement de nos places de guerre et quelle incurie présidait à leur défense ?

C'était triste, pitoyable, lamentable et quoique le rôle des fortifications de l'ancien système ait été nul dans cette guerre de 1870 et à jamais condamné, on ne peut pas se figurer comment ceux qui avaient la mission d'armer nos forteresses s'en étaient pareillement désintéressés et peu préoccupés. C'était une plaisanterie.

La plupart de nos batteries étaient mal placées et mal raisonnées, presque abordables et dominées presque toutes, surtout celles de la ville haute, à de courtes distances, à un tiers de portée de fusil, elles étaient peu ou point abritées. Il fallut que les artilleurs sédentaires pourvussent eux-mêmes à la sécurité indispensable au service de leurs pièces de canon. Ce furent des talus, des épaulements, des gabions, des fascines, des murailles, etc.

Donc le matin, cour du château, manœuvre du

canon. Les commandements : écouvillonnez, chargez, pointez, feu ! nous enthousiasmaient. Il fallait voir avec quelle attention, avec quelle conviction nous évoluions et nous manœuvrions ; nous voulions apprendre bien et vite et puis, ce n'est pas cela, nous étions fiers et infatués d'avoir été désignés pour l'artillerie. Ce qui nous intriguait surtout c'était le pointage et le calcul de la hausse et faut-il le dire nous avons tout lieu de croire que le brave margis d'artillerie, qui était chargé de nous instruire, n'en connaissait guère plus que nous là-dessus. Enfin, pleins de confiance, nous supposions que d'un moment à l'autre on nous initierait à ce mystère de la science du parfait pointeur.

Sur ces entrefaites on nous assigna nos batteries et nos pièces respectives.

Voici la description et la composition de la batterie du fort de Nassau. Il est bon de rappeler qu'à ce moment là le fort en question était éventré du côté de la ville d'une large brèche qui était le commencement des travaux de la nouvelle porte ou poterne, destinée à remplacer la porte de Bouillon, condamnée comme faisant un trop fort détour et comme ayant un accès trop dangereux pour les voitures.

Le nouveau tracé prenait à angle droit contre le corps de garde, servant aujourd'hui de logement d'octroi, et derrière la double porte à pont-levis dite du Ménil. Ce tracé n'était, en définitive, rien autre chose que celui de la route actuelle ou rue de Nassau. Pour monter sur le fort, nous passions par la poterne placée à côté du puits de siège qui existe encore à l'heure actuelle, mais n'existera plus longtemps, vendu qu'il est à la propriétaire des Gros-Chiens. Cette poterne contenait un escalier de pierres à plusieurs étages dont on ne voit plus guère de vestige. Quant au superbe fort de Nassau, il dressait fièrement sa haute et imposante carrure au-dessus de l'abreuvoir et allait des Gros-Chiens à la porte de Bouillon. Beaucoup de nos compatriotes se souviennent encore de cette masse rocheuse et des difficultés que l'on a eues pour le raser et l'aplanir.

Voici autant que je puis me rappeler les noms des braves citoyens qui composaient la batterie :

Martinot aîné, conseiller municipal ; Lemaire, depuis chef de l'Harmonie ; Henry, ancien coupeur de la maison Ponsardin et négociant en blanc, rue Maqua ; Fiéron-Darbour, liquoriste ; Pierrard Léon ; Duchêne, huissier, rue du Ménil ; Dorigny Léon, clerc d'avoué et bijoutier ; Darbour-Poirier, peintre ; Chevriaux fils, négociant, place d'Armes; Conrot Edouard, employé de la maison Berthe ; Beaurin, qui devint brigadier, etc., etc.

Et je crois un ou deux autres dont l'un avait les allures et le costume d'un brigand d'opéra-comique; il avait de superbes bottes molles en toile cirée. Ce devait être un cordonnier du faubourg du Ménil, il avait l'air froidement féroce et on le prenait pour un lapin.

Nous avions trois pièces : deux canons de bronze d'environ trois mètres de long *à âme lisse !* et un mortier dont la gueule avait au moins cinquante centimètres de diamètre.

L'un des canons était braqué sur le Fond-de-

Givonne, l'autre sur Wadelincourt, le mortier sur fossé du Palatinat. Certes, en constatant l'âge et l'usage que l'on pouvait attendre de cette artillerie surannée, notre déception fut cruelle, notre amour-propre mortifié et nous comprimes de suite l'inanité de notre rôle et de nos efforts. C'était idiot et incompréhensible et fallait-il qu'à ce point furent aveugles ou complices ceux qui avaient la mission de la défense de la patrie et qui dépensaient sans vergogne les millions des contribuables. Bien coupables furent ces gens-là et espérons qu'un jour ou l'autre l'histoire fera leur compte.

Nous nous disions que le lieutenant au revolver pouvait bien faire le malin, il y avait de quoi ! Depuis un mois on avait garni les forts de Sedan d'une artillerie moyen âge, de cette ferraille hors d'usage, incapable du moindre service de défense et dont la portée n'était même pas celle d'un fusil chassepot, loin de là ! Inutile d'insister. Que pensait ce monde-là. On trompait le peuple français, on préparait sciemment la défaite. Ces canons à l'aspect redoutable dont la gueule semblait terrifiante, menaçante, n'étaient pas plus dangereux que de simples jouets et auraient dû recevoir depuis longtemps la destination de tonner débonnairement lors des fêtes plébiscitaires et quinzaoûteuses ! Malheur ! Un de ces canons, celui tourné vers le Fond-de-Givonne qui nous était dévolu plus particulièrement était monté sur un affût à plateau français (!), c'est-à-dire à frottements plats. On voit comme la manœuvre en était facile, surtout si l'on considère que le bois de cet affût était littéralement pourri et vermoulu. Lorsque nous le manœuvrâmes, il nous fallut mille précautions pour ne pas le voir s'effondrer et s'aplatir. Autre chose, ce canon, lorsque nous l'examinâmes, fût pour nous un sujet de gaieté et de colère, il recélait dans son sein : trois longs tasseaux de bois blanc, au moins un demi-hectolitre de copeaux, des tuiles, des pierres, des boîtes de sardines vides et autres objets. Il nous fallut au moins une heure pour en venir à bout et extirper ces substances hétérogènes et nullement balistiques. C'était sans doute une facétie des artilleurs (comme Randon les comprenait) et qui avaient mis la pièce en place. C'était bien de cette façon que l'on comprenait la défense !

Le jour de l'alerte ou de l'alarme, comme on voudra, que l'on fit en l'honneur du prince impérial résidant ce soir-là à la Sous-Préfecture, en un clin d'œil nous fûmes tous à notre poste. Nous prenions notre rôle au sérieux. Ce ne fût qu'une émotion sans importance.

Puis, vinrent les journées de Beaumont et de Bazeilles. C'était autre chose. La journée de Bazeilles, nous eûmes l'ordre de tenir notre poste de combat toute la nuit sans bouger. L'un d'entre nous, fort malade, crachant ses poumons, faisait peine à voir ; la nuit du 31 août était froide et fraîche et le pauvre diable râlait ; malgré la consigne sévère, nous convinmes qu'il ne pouvait rester là et qu'il fallait de toute nécessité qu'il retournât chez lui. Pour cela et pour vaincre ses scrupules et son amour-propre, nous eûmes l'air de convenir devant lui et à haute voix que la moitié seulement d'entre nous était nécessaire sur le fort et que le reste pouvait aller se reposer ; Duchêne prit donc notre ami par le bras et parvint à le décider à partir. Un instant après Duchêne revenait au galop, espérant passer inaperçu, mais jouant de malheur, au moment où il atteignait la poterne un autre individu s'y présentait aussi. On voit la scène en pleine obscurité. Duchêne crie : « Qui va là ? — Je n'ai pas à vous répondre lui réplique l'inconnu. C'est vous qui allez me rendre compte de ce que vous faites-là ? — Je n'ai pas de compte à vous rendre, répond Duchêne. Qui êtes-vous, avez-vous le mot de passe ? — Oui, j'ai le mot de passe, mais je n'ai pas à vous le dire, répond l'interlocuteur dont nous avions bien, du haut du fort, reconnu l'organe et qui n'était autre que celui du lieutenant. Alors Duchêne lui répond : Vous ne passerez pas. — Si, je passerai. » Enfin l'altercation s'aigrissait, lorsque la sentinelle de chez nous, placée au haut de la brèche et qui dominait cette scène d'une vingtaine de mètres, s'écria : « Qui vive ! Halte-là ! Qui vive ! — Silence. »

Alors, le facétieux factionnaire épaula son fusil et tira un feu plongeant sur les querelleurs. Heureusement il n'y avait que la cheminée du fusil qui était armée d'une capsule — pas de cartouche, — la détonation ne produisit que l'effet d'un misérable coup de fouet, mais cet effet fut irrésistible et d'un haut comique. Tous les artilleurs du fort partirent à la fois d'un éclat de rire homérique qui désarma le lieutenant et Duchêne put nous rejoindre sans être autrement... embêté !

Après cette scène qui nous avait légèrement égayés et qui se passait sur le coup de onze heures, nous nous livrâmes à de fortes libations provenant de la munificence de l'ami Fiéron-Darbour. C'étaient des rhums, des cognacs, des armagnacs des premières marques et l'on y faisait honneur, la brume excitait aux rasades et quelques-uns même dépassèrent l'étiage de la prudence alcoolique. C'est ainsi que nous vîmes le Fra-Diavolo aux bottes molles, resplendissantes, s'affaler lourdement sur le sol et tomber face et ventre contre terre. Ce garçon qui, pour nous, sera toujours sans doute un mystérieux inconnu resta-là toute la nuit, ronflant de toutes ses forces et aussi une grande partie de la journée, il ne s'éveilla guère qu'à quatre heures de l'après-midi et disparut lorsque la bataille était finie et que le bruit commençait à cesser. L'alcool l'avait transporté dans un tout autre monde et il ne s'est guère jamais rendu compte sans doute des événements de la journée.

Bien qu'ayant essayé de nous endormir sur des couvertures que nous nous étions procurés, nous ne pûmes fermer l'œil de la nuit et cela se comprend. Bazeilles flambait et l'immense et sinistre lueur nous éclairait jusque sur notre fort. On ne peut guère dire quel sentiment, quelle émotion nous agitaient. Nous voyions à ce moment-là la défaite nous poursuivre et nous savions que nous étions entourés, enserrés d'une multitude armée, de hordes innombrables qui, d'un instant à l'autre, nous inonderaient d'une pluie de mitraille et de feu.

A quatre heures du matin, ce fût le commencement ; une formidable détonation fût comme le signal, l'ouverture de la danse ! Les Allemands avaient débuté par un coup magistral : ils venaient de faire sauter le pont du chemin de fer de Villette, coupant ainsi la retraite des troupes françaises par voie ferrée. Pourquoi n'a-t-on pas prévu le coup ? Pourquoi n'a-t-on pas gardé ce pont ? — Non, tenez si vous le voulez bien, nous renoncerons aux questions, il y en aurait comme cela des tas. Et puis on ne nous répondra jamais.

Donc c'était le commencement du bal, et nous nous rendîmes tout de suite compte de l'événement ; la lueur et la direction de l'explosion nous avaient fait comprendre la vérité.

Petit à petit, les feux du camp ennemi s'allumèrent et nous voyions et devinions les préparatifs de la Marphée et du Liry.

A six heures, les premiers projectiles partirent du petit bois à mi-côte de la Marphée. Il y avait dans ce bosquet 4 ou 5 pièces qui ne cessèrent plus et crachèrent toute la journée sans préjudice aux batteries placées au-dessus.

Les premiers projectiles arrivèrent dans la prairie, en ce moment-là couverte d'eau par suite du barrage du pont de Meuse et du viaduc de Torcy.

Nous voyions très distinctement l'eau rejaillir en l'air sous le coup des projectiles. Puis, peu à peu, le tir des Allemands se rectifia et à huit heures du matin ils nous envoyaient leurs obus à coup sûr, ils savaient très bien où ils tapaient et nous-mêmes, instruits par un vieux margis d'artillerie, nous savions quelles étaient les pièces qui nous tiraient dessus, aussi lorsque nous voyions la flamme de ces canons-là, nous nous écriions : en voilà un pour nous et nous courbions la tête ; une minute après nous entendions le bruissement peu agréable du projectile qui passait pas bien loin sur nos têtes et allait s'enterrer ou éclater plus loin. Un grand nombre nous bourdonnèrent aux oreilles, ou s'enterrèrent à nos pieds, ou éclatèrent au milieu de nous.

Le matin, à sept heures, on nous avertit que le général de Beurmann, qui venait de recevoir le commandement de la place, faisait son inspection sur les forts et qu'il arrivait sur le Nassau. Beaurin ou Lemaire, peu importe, nous fit placer sur deux rangs et nous commanda : « portez armes ! présentez armes ! » mais le général fit un geste impatienté et nous dit qu'il n'était pas venu pour nous voir parader. Il nous recommanda de nous tenir à nos postes et surtout de faire disparaître au plus tôt un tas de tuiles qui avaient servi de toiture aux canons et lesquelles tuiles, sous l'atteinte des projectiles, pouvaient devenir dangereuses et meurtrières pour nous et faire des coups doubles. Nous obéîmes docilement et en cinq minutes les tuiles jonchaint le bas du fossé du côté du ruisseau de malheur.

Que dire de cette journée et de notre rôle ? Nous dûmes nous tenir à un poste de combat des plus exposés, sans honneur ni profit, sans utilité, et sans pouvoir tirer ni un coup de canon, ni un coup de fusil. Oh ! si ; à un moment donné on nous vint dire qu'il fallait tirailler sur le Moulin-à-Vent où les Bavarois se trouvaient ; nous fîmes feu plusieurs fois, puis l'on nous commanda la cessation du feu, disant que nous pouvions aussi bien atteindre les Français que les habits bleus.

Quelle longue et mortelle journée. Nous rongions notre frein, notre inutilité nous pesait et il y avait de quoi, et puis notre fort était envahi d'un tas de fuyards et de traînards d'armée de toutes armes, débraillés, sordides, ivres et indisciplinés. De temps à autre, un obus en écrabouillait quelques-uns. Ceux-là n'étaient pas à leur poste et nous ne nous apitoyions pas sur leur sort.

Tout le temps, d'ailleurs, nous ne voyions que de sinistres épisodes. C'était un officier atteint mortellement par un éclat d'obus au front, des soldats blessés ou simplement bousculés par la chasse d'air des projectiles ; puis en bas, nous voyons des deux côtés du fort la rentrée des soldats français débandés, ayant quitté le champ de bataille, ayant renoncé à la lutte, cédant le terrain à l'ennemi ; puis c'étaient des convois de blessés, de cadavres qu'on portait aux ambulances. De temps à autre on voyait aussi des convois de prisonniers bavarois ou prussiens, mais qui n'avaient pas l'air bien effrayés. Ces gars-là devinaient que leur captivité ne durerait guère. C'était sur le chemin de l'abreuvoir et dans le passage du ruisseau de malheur une coulée incessante humaine, indicible, une multitude bariolée, agitée, affolée, et par là-dessus la pétarade immense, incessante, assourdissante, brisant le tympan. Quel spectacle et quelle impression !

Et nous, rien à faire. Il fallait rester là, spectateurs inutiles. Ces canons que l'on avait mis là étaient condamnés au silence, à l'inaction. Qu'auraient été faire leurs projectiles à 5 ou 600 mètres ? Les batteries allemandes étaient à 5 ou 6 kilomètres.

Oh ! oui, dérision amère, ironie détestable. Fallait-il qu'ils soient ignares, ineptes, ceux qui avaient fait hisser cette ferraille sur nos murs. Non, nous ne digérerons jamais cela, jamais.

Notre fort était de plus en plus envahi de soldats de toutes armes, on y voyait des cavaliers, des Mocquart, des fantassins, des moblots, des marsouins, enfin de tout.

Les Mocquart nous furent signalés à leur arrivée et l'on nous dit qu'ils nous étaient envoyés comme tireurs de précision pour démolir les artilleurs allemands servant les pièces de la Marphée. Ah ! Ah ! enfin nous allions donc voir quelque chose. Effectivement nous vîmes trois ou quatre de ces jeunes francs-tireurs s'avancer d'un air capable et grimper les pentes des talus pour se mettre en position. Ça allait chauffer, mais, hélas ! quelle ne fut pas notre surprise et notre déception en voyant que ces terribles Mocquart étaient tout bêtement armés du fusil à tabatière ! Oh ! là ! là ! nous les saluâmes d'une bordée ironique qui les fit s'éclipser au plus vite. On nous avait dit qu'ils avaient des fusils de précision portant à 600 mètres ; ce qu'il fallait en rabattre, bon Dieu !

Des épisodes de toute nature s'offraient à nous à toute minute ; il en est une assez drôle qu'il est bon de rappeler par son étrangeté.

Un animal de moblot s'était imaginé de tirer ses cartouches et pour cela il s'était placé à la première meurtrière du côté des Gros-Chiens, après la brèche de la muraille. Il faisait de la fumée et envoyait ses balles sans doute dans la toiture du Petit-Quartier. Ça l'amusait. Un vieux margis, voyant cela se mit à l'apostropher vertement et de la façon suivante : « Dites donc, bougre d'imbécile. Que signifie ce que vous faites ? Vous attirez bêtement l'attention des Allemands sur le point où vous êtes. Cessez où vous allez avoir mon pied quelque part. » Le moblot interloqué se disposait à obéir, mais à ce moment-là il reçut une leçon dont il a dû garder le souvenir. Un obus allemand venait d'éclater sur les arêtes de pierre de la meurtrière où il était, et il prit une prise pas banale du tout, composée d'éclats de pierre, d'obus de mortier et de gravats. Je vous jure qu'il ne fut pas plaint. Il fut renversé sur le coup et se releva penaud, hurlant et se tenant le visage qui saignait, mais qui n'avait pas de blessures graves.

A trois heures de l'après-midi, on vint nous dire que Bazaine arrivait, qu'il était sur la route de Balan et qu'il fallait faire un mouvement pour opérer la jonction. A la bonne heure, enfin nous allions nous dégourdir et faire quelque chose, et ce fut avec une réelle joie que nous mîmes la baïonnette au canon et chargeâmes nos fusils. A peine descendus la poterne, on nous donnait contre-ordre. Ce n'était pas vrai, hélas ! Bazaine était à Metz et ne songeait guère à nous joindre...

Nous réintégrâmes notre poste ; à ce moment-là la bataille était dans son plein, la mitraille pleuvait, les obus et les balles nous arrivaient de tous côtés et il fallait prudemment courber sa tête et ne pas dépasser la ligne de gazon.

Enfin, à quatre heures, sur la grande tour nord-est du donjon nous vîmes un mouvement se produire. Des allées et venues, et bientôt nous aperçumes qu'on hissait un mât d'une certaine hauteur sur lequel était attaché un drapeau blanc de grande dimension !

C'était la défaite irrémissible, la capitulation, la honte ! Quelle tristesse morne, quel noir chagrin vint nous assaillir à ce moment, la rage sourde, l'impuissance, l'abrutissement, le coup de matraque, l'hébêtement nous rendaient inconscients. D'un seul coup nous voyions l'effondrement de la patrie dont nous étions si fiers, si orgueilleux, l'engloutissement des gloires passées, tout cela écrasé sous la botte de Guillaume. Enfin c'en était fait, il fallait se soumettre et envisager froidement la situation.

Encore un grave incident. Au moment où on plantait la hampe du drapeau blanc dans le sol de la tour, nous distinguions très nettement les hommes qui faisaient cette opération, un petit zouave tout jeune, ivre-mort, qui était au milieu de nous, arma son fusil et fit feu sur celui qui tenait le drapeau pendant qu'on le fixait en terre. La balle siffla à quelques centimètres de l'oreille de celui qui raconte cet épisode, il se retourna, empoigna le zouzou à la gaffe et le terrassa en l'invectivant de la belle façon. Le résultat de ce coup de feu est que le personnage qui tenait le drapeau — sans doute atteint — venait de lâcher prise et nous aperçumes le drapeau qui tombait lourdement sur le sol. Ce drapeau fut de nouveau hissé et enfin mis en place. Quelques instants après on vint nous dire que celui qui tenait le drapeau avait été tué par une balle venant de notre fort. A ce moment-là nous cherchâmes le zouave, il s'était éclipsé....

Lorsque le drapeau blanc fut arboré sur la tour du donjon, les Allemands se décidèrent comme à regret à cesser le feu et pendant plus d'une heure encore on entendit la canonnade et la fusillade ; enfin, vers cinq heures et demie, le silence. Quel contraste !

Dans cette journée on dit qu'il a été tiré trente mille coups de canon, un million et demi de coups de fusil et une innombrable quantité de coups de mitrailleuses. Les principales batteries étaient placées aux Redoutes et derrière Mon-Repos et on les entendait tout le temps « déchirer leurs toiles » comme de macabres calicots. On peut juger d'une pareille musique. L'oreille fut longtemps à s'en remettre. Aucune bataille de cette campagne de 1870 n'entendit pareille pétarade et on ne cite guère que Plewna qui ait eu une fête équivalente.

De tout cela que résulte-t-il ? Ceci : que l'*artillerie sédentaire* a fait son devoir, a tenu bravement son poste, qu'il n'a pas dépendu d'elle que son rôle fut à ce point inactif. On s'est moqué d'elle, comme du reste de l'armée et du pays. Nous avons souvent entendu dire, que nous avions été vendus et trahis, c'est à le croire. En tout cas nous attendons le plaidoyer des gens qui avaient la garde du pays, de son honneur, de son sol et de ses enfants. Qu'ils s'expliquent, qu'ils s'excusent, nous les attendons et il y a de cela 25 ans !

Après la relation de notre regretté ami Léon Pierrard descendons, si vous voulez bien, à la batterie sise *derrière le Petit-Quartier* et donnant sur Wadelincourt : là se trouvaient Noël, brasseur, brigadier ; Masset, marchand de houille au faubourg du Ménil ; Lefort, menuisier, maison Mary, près de la poudrière ; Raulin, sellier, rue du Ménil ; Lambert frères, charpentiers ; J. Baugny, marchand de tripes ; Larue Auguste, marchand de vins ; Biot (dont il a été parlé d'autre part) ; Denis Débouché, alors cocher chez M. Ch. Cunin, etc.

Les renseignements sur cette batterie n'abondent pas et Mignard, qui aurait pu être d'une certaine utilité à l'auteur, a quitté Sedan.

La batterie avait deux pièces de 16, à âme lisse, surplombant les fausses-braies en regardant la Marphée et Wadelincourt.

On assure que les premiers boulets auraient été tirés par des officiers de l'armée active qui étaient sur les remparts ; l'ennemi répondit immédiatement et les projectiles, assez bien dirigés, allèrent se loger dans le talus de derrière après avoir blessé plusieurs soldats, un artilleur sedantaire M. R..., atteint légèrement à la tête et un garde mobile, au talon.

« A ce moment, un capitaine de je ne sais trop quel régiment, a dit un canonnier de la batterie, ayant perdu ses jumelles cherchait à s'en procurer pour reconnaître la position des pièces ennemies. En vertu d'une réquisition d'un attaché du commandant de place, le capitaine, accompagné de M. Denis Débouché, alla chercher des jumelles marine chez Berna, Grande Rue.

« Les jumelles n'ont pas été payées. »

Le poste de Noël n'était pas de ceux où s'engendrait la mélancolie ; les bouteilles revêtues de toiles d'araignées et d'autres flacons poudreux ne manquaient pas et le joyeux Larue était désopilant.

A la porte du faubourg de Ménil, une pièce seule était à cheval sur la voûte à la clef ornée du mascaron de Serviati.

M. Lariette fils, du Fond-de-Givonne, commandait la pièce qui était servie par MM. Prulay, fabricant de brosses ; Mérieux ; Gandillon ; Lotte, (un ancien artilleur qui n'avait pas froid aux yeux) ; Dabernat, poêlier, au faubourg, décédé depuis peu ; Schoneseck, etc., etc.

M. Lariette trouvant que la pièce semblait ne pouvoir offrir au recul la garantie désirable en fit l'observation à l'officier instructeur de l'artillerie.

— Celui-ci répondit, qu'est-ce que vous me racontez-là ? Mais je me mettrais sous cette pièce quand elle tirera, car il n'y a aucun danger ! (sic).

La fameuse pièce fut chargée à mitraille au moment où la chaussée de Balan était bleue de Bavarois.

Le coup partit, la mitraille balaya la route jusqu'à la maison Rossillon... Mais le canon dévala dans le faubourg avec un fracas épouvantable ; on n'eut heureusement aucun accident à déplorer.

« Près de la pièce, conte un témoin, un mobile avait été blessé au même moment qu'au-dessus du Palatinat, un capitaine de l'armée active avait le ventre ouvert par un obus... »

Les artilleurs de la porte de Balan, débarrassés de leur canon, s'amusèrent à canarder les Bavarois qui se dissimulaient derrière les peupliers de la propriété Chanonnin et dans les jardinets du Petit-Pont.

Au Grand Jardin se trouvait Antoine-Lacroix, portraituré, plus haut, par Tamberlick (Léon Pierrard).

Ancien artilleur de 1848, il avait repris du service pour la durée de la guerre et avait été bombardé maréchal des logis chef.

M. Antoine-Lacroix n'a guère conservé que de vagues souvenirs de son passage sur les remparts où se trouvaient Naudot, chef de la Croix-d'Or ; Laurent, du moulin de MM. Benoit frères ; Bonnin, de Torcy ; Herpers, qui fut directeur de l'usine de Balan et qui fit, après Sedan, la campagne à l'armée de Faidherbe.

Un artilleur raconte qu'on fit monter au Grand Jardin, des boulets provenant du château et qu'on avait chargés sur des brouettes ; par malheur les boulets mal calés dégringolèrent la rampe... et il fallut recommencer.

Le 1er Septembre, des mobiles et des officiers d'artillerie arrivèrent au Grand Jardin et un capitaine prit le commandemant des pièces très mal placées puisqu'elles regardaient surtout le bois de Mon-Repos ; une pièce, chargée à mitraille, fut tirée en dépit du bon sens dans la direction de la propriété Philippoteaux.

A huit heures, arrivait le général de Beurmann ; le capitaine lui demanda si l'on pouvait braquer la pièce d'angle du Grand Jardin, de façon à tirer vers Bazeilles.

Le général aurait répondu qu'il ne voyait pas la

chose utile, la pièce devant servir en cas d'une attaque contre le château...

Le capitaine faillit éclater au nez du général d'artillerie.

La veille, des pontonniers étaient arrivés au Grand Jardin, avec des débris de régiments divers et le 1ᵉʳ Septembre, tandis que le capitaine d'artillerie déjeunait sous la voûte, qui existait près de l'ancien corps de garde, un soldat, neveu de Beauchot, vannier, qui se trouvait là, reçut un éclat d'obus et fut transporté à l'ambulance, après avoir traversé les fossés remplis de soldats.

En somme, rien de saillant à signaler au poste du maréchal des logis Antoine, que son service appelait souvent au château et à la place. Avant la bataille, au mois d'Avril, il avait assisté à l'arrivée de 80,000 kilos de poudre, remis au château par les soins du roulage de C. Morelle.

Cette énorme quantité de poudre devait servir, durant l'occupation, à miner les forts ; un contre-ordre arrivé de Mézières à Sedan empêcha de faire sauter une partie du château et des ouvrages militaires de la place. Les 80,000 kilos de poudre, d'après Antoine-Lacroix, auraient été noyés dans la Meuse, du côté de la place Saint-Vincent.

Une note de M. Antoine nous fait connaître, comme suit, quel rôle il joua après la sanglante journée du 1ᵉʳ Septembre ; il faut le citer textuellement :

Le 2 Septembre, il a été chargé par la Municipalité de faire nettoyer la ville et les faubourgs, après on procéda à l'inhumation des morts laissés sur le champ de bataille.

— 133 —

La Municipalité chargea Antoine de faire des réquisitions et d'occuper les ouvriers sans travail.

L'intendance militaire française nomma Antoine, agent comptable du matériel de la guerre ; il fut mis en demeure de procurer des logements aux officiers ainsi que le mobilier, etc. (1).

L'ex-maréchal des logis fut aussi désigné pour subvenir aux besoins de l'hôpital militaire, de la manutention, des lits militaires, etc.

Il obtint l'autorisation de faire démolir le pont Rouge. Le 24 Juillet 1873, jour de l'évacuation de notre ville, un intendant remplaça Antoine et le conserva quelques mois pour établir les comptes des dépenses de guerre établis depuis le 4 Août 1871 jusqu'au 24 Juillet 1873 et dont voici la récapitulation :

Dépenses faites par la ville...fr.	1,299,801 85
» » par l'intendance	407,301 90
» » par le génie militaire................	220,000 »
Indemnité aux communes......	111,196 27
Au total..............	2,038,300 02

***

Passons au *poste du Bourrelet* commandé par M. Auguste Robert fils.

---

(1) M. Antoine-Lacroix, maréchal des logis chef, a été nommé agent comptable du matériel de la guerre par M. Henri-Albert La Rouvière, sous-intendant militaire à la résidence de Givet.

M. Antoine-Lacroix était « comptable du matériel de la guerre, accessoire nécessaire aux troupes de l'occupation allemande, stationnées à Sedan. »

M. Antoine-Lacroix relevait à Sedan, du sous-préfet, M. Albert Brun.

En 1870, *la promenade du Bourrelet* ou de *la Digue* était très fréquentée des petits rentiers et des flâneurs qui, assis sur l'un des bancs, jouissaient du splendide panorama de la Marphée, de Wadelincourt, Pont-Maugis, Noyers-Thelonne, Balan, Bazeilles et Remilly.

Au moment de la déclaration de guerre, l'immense plaine, entre le pont de Bazeilles et la ville, fut submergée à l'aide des barrages du génie et les braves gens, qui se souvenaient du dire des anciens, assuraient qu'en cas de siège les boulets de l'ennemi seraient influencés, dans leur marche, par la nappe d'eau !...

Les talus qui formaient le travail de défense, entre les Fausses-Braies de la place Verte et l'enceinte de Torcy, avaient des embrasures et par conséquent des magasins solidement maçonnés qui, en 1870, ne servaient que de refuge à des rôdeurs nocturnes.

Derniers Echos.

M. Eugène Rossignol — qui était artilleur en 1870 — écrit ce qui suit à la date du 23 Mai 1896.

Quoique cette lettre arrive après la bataille, comme on dit vulgairement, la voici *ne varietur* :

« Le matin, à quatre heures, au moment où un premier engagement avait lieu à Bazeilles on a battu, à son de caisse, que chaque artilleur devait se rendre à sa pièce, en cas d'événement.

« Depuis ce moment, nous sommes restés sur les remparts jusqu'au 1er Septembre ; notre place était à droite de la porte de Paris, première pièce (l'auteur en a parlé déjà).

« Voici l'effectif complet attribué à la première pièce :

« MM. Viette, maréchal des logis ; Adrien Rossignol (aujourd'hui conseiller municipal), brigadier ; Nanquette père ; Lefort, menuisier ; Perin, des Messageries encore impériales ; Stoffels, des hypothèques ; Eug. Rossignol ; Emile Ribis ; Préale et Genouille, artilleurs.

« La pièce que nous avions à servir devait se taire comme tant d'autres, hélas ! vu que j'étais chargé d'aller chercher les munitions près d'un maréchal des logis de l'armée active qui se trouvait à la poudrière de la porte de Paris ; il m'a donné, et avec peine, deux boîtes à mitraille qui ne pouvaient pas entrer dans la pièce (1) !... Alors, le 1er Septembre, nous avons été obligés d'avoir recours à nos flingots.... qui n'ont pas servi à grand'chose !

« Dans la nuit du 30 au 31 Août, un coup de feu tiré par on ne sait qui donna l'éveil à des mobiles qui étaient en faction dans les environs ; les factionnaires mobiles répondirent au coup de

---

(1) Rien d'étonnant, les pièces de 12 rayées de campagne ne pouvaient recevoir des boîtes à mitraille destinées aux pièces de 24.

Ces deux boîtes ont été utilisées par Lambert, à la pièce n° 2, qu'il n'abandonna pas, en compagnie de Ledain resté seul avec lui de l'artillerie sédentaire ; quand la pièce n° 2 envoya les deux dernières boîtes à mitraille (maison Duval), près de nos deux concitoyens se trouvaient un zouave, deux lanciers et d'autres militaires de toutes armes.

Le canonnier Ledain, doué d'un sang froid imperturbable, a fait preuve d'un réel courage et c'est avec plaisir que nous inscrivons ce nom de citoyen dans les annales de 1870.

fusil... et si bien que M. Nanquette eut son manteau traversé par une balle de tabatière.

« Cette fausse alerte n'eut pas d'autre suite (1).

« La pièce n° 2 était commandée par M. Lambert, hôtelier ; il était maréchal des logis, et avait sous ses ordres MM. Ledain, artilleur, Théodore François, Collin, etc.

« Ce dernier aurait demandé au capitaine Camus à permuter avec un artilleur du château, vu qu'il était trop grand pour être là et qu'il ne pouvait qu'attirer l'attention de l'ennemi *(sic)*.

« Les artilleurs qui étaient à la porte de Paris à gauche étaient Congar, blessé mortellement, Salomon-Créhange fils, etc.

« J'oubliais de rappeler, termine M. Eug. Rossignol, que les Bavarois ont tenté de faire l'assaut du rempart, le 31 Août, en plein midi ; ils ont jugé prudents de se retirer dans la maison du marbrier Duval, où la pièce Lambert a fait merveille ; elle a tué cinq Bavarois qui ont dû être enterrés du côté de l'établissement du tir.... (2).

**

(1) M. Ribis, désigné à tort, par M. Rossignol, comme ayant tiré aux étoiles, dans la nuit du 30 au 31 août, donne à cette version, parue dans le journal, mais supprimée dans la brochure, le démenti le plus formel.

« Vers minuit ou une heure, écrit Ribis, je suis parti avec un officier de l'armée active, qui est venu demander quelqu'un pour l'accompagner jusqu'au pont de Villette, et c'est à ce moment qu'il y a eu une sorte de fausse alerte et que plusieurs coups de feu ont été tirés des remparts. »

Ribis rappelle qu'il est resté jusqu'à la dernière heure à son poste, en compagnie de M. Genouille, menuisier, rue de l'Horloge.

A ce moment, bien des canonniers manquaient à l'appel !!

(2) Les Bavarois n'ont jamais eu l'intention de grimper sur les remparts.

Il faut revenir derrière le Petit Quartier, où se trouvait une pièce braquée dans la direction de la ruelle des Vignes.

Le poste avait M. Prulet comme maréchal des logis ; Féry dit « Long Nez, » ancien artilleur au 10e régiment, était le chef de pièce ; là se trouvaient, les 31 Août et 1er Septembre, MM. Darbour-Collin, peintre ; Adnesse-Darbour ; Edouard Dépaquit, conducteur des ponts et chaussées ; Dehaye ; A. Domage, peintre-décorateur à Torcy-Sedan, etc.

Voici la relation communiquée par M. Domage :

Le 31 Août, à dix heures du matin, un officier d'artillerie de l'armée active inspecte nos pièces et demande où sont les servants !

Le maréchal des logis Prulet répond qu'il manque trois hommes domiciliés au faubourg du Fond-de-Givonne ; comme les portes sont fermées, ils ne peuvent se rendre à leur poste ; l'officier me désigne et me commande par ordre de la Place de partir immédiatement pour aller chercher les trois camarades ; nous passons par le Moulin-à-Vent d'où l'on découvre sur les hauteurs, du côté et au delà des Redoutes, les troupes campées. Le Fond-de-Givonne est occupé par l'artillerie, on a peine à se frayer un chemin ; nous trouvons Darbour-Collin en train de servir à boire aux soldats ; on lui communique l'ordre de la Place, il embrasse sa femme et nous suit à la recherche de « Long Nez » et de Dehaye ; on finit par les découvrir ; on prend le pas gymnastique pour gagner la porte de Balan par le fossé ; près de la fontaine du Diable, des soldats nous acclament, pensant, peut-être, que nous courions à Bazeilles où l'on se battait ferme depuis le matin.

Réunis autour de la pièce, chacun suivait la marche des Prussiens sur les versants de la Marphée ; à moitié côte de Pont-Maugis et Wadelincourt, un soldat qui accompagne un caisson montre la ville avec son sabre ; au même moment, un projectile venant d'une pièce française du côté de Balan, tombe près du soudard et le couvre de terre ; les artilleurs coupent les traits des chevaux, abandonnent le caisson et se sauvent ; huit jours après la bataille le caisson était encore au même endroit.

Le soir, on distribue des cartouches pour nos fusils à piston et un officier supérieur d'artillerie nous dit qu'il faut masquer les pointeurs ; Adnesse passe une couverture qui dissimule la pièce ; nous passons la nuit avec Féry et Adnesse-Darbour ; ma femme m'ayant fait parvenir un excellent lapin cuit à point, on y fait honneur ; on met le reste en sûreté dans la bouche du canon...

Un farceur sait découvrir la cachette et au moment où une formidable explosion se fait entendre, du côté de Villette (c'était le pont du chemin de fer qui sautait), nous nous apercevons du larcin.

Le 1er Septembre, à sept heures du matin, un capitaine du 10e régiment d'artillerie vient près de nous et fait prendre position à notre pièce par trois de ses hommes qu'on avait placés avec les sédentaires ; notre chef de pièce, qui sortait du 10e, reconnaît un de ses anciens camarades du nom de Boutonais, vieux soldat de Crimée, d'Italie et du Mexique ; il portait toutes ses décorations. Chacun était fier d'avoir ce brave à notre pièce.

Soudain, le fort du Palatinat ouvre le feu et les projectiles allemands y répondent *illico*. Notre position devient périlleuse, car les obus pleuvent et nous recevons ce qui est destiné au Palatinat ; un brigadier de l'artillerie active a la jambe brisée et un pauvre garde mobile a un mollet traversé par une balle venant on ne sait d'où... Ce mobile appartenait à la Compagnie venue de Givet avec un bataillon du 40e de ligne. Les obus font rage et plusieurs gardes nationaux veulent s'éclipser ; on pose une sentinelle (un mobile) près des palissades de la caserne du Ménil pour ne laisser passer personne ; un obus tombe sur la palissade et éclabousse le mobile qui s'en tire sans une égratignure, mais ne peut plus reprendre sa garde.

On reste dans l'inaction jusqu'à deux ou trois heures de l'après-midi ; les Bavarois s'avancent sous les murs ; un officier en uniforme blanc met un mouchoir à la pointe de son sabre qu'il agite. On lui répond des remparts par une décharge nourrie.

Un officier d'état-major, descendu du Palatinat, nous demande si notre pièce est chargée.

On lui répond qu'elle l'est d'une boîte à mitraille; alors il indique la propriété de M. Gollnisch à droite de la chaussée de Balan comme étant occupée par des Bavarois.

Le coup est tiré... les Allemands hurlent... et notre pièce qui porte la date vénérable de 1815, dévale de sa plate-forme en culbutant un marsouin qui, heureusement, n'est blessé qu'à la main. La pièce était montée sur affût de campagne et sans enrayement.

A peine a-t-elle terminé sa fugue qu'elle est enlevée à bras par des turcos et remise en batterie immédiatement, pour tirer une deuxième fois sans incident.

Le bruit court qu'on a hissé le drapeau blanc au château, mais la lutte n'en continue pas moins ardente à la porte de Balan.

C'est alors qu'un officier supérieur nous dit : « Mes enfants, je demande cinquante hommes de bonne volonté pour chasser l'ennemi qui est à nos portes. »

Cet appel va au cœur de tous ; gardes nationaux sédentaires, turcos, zouaves, marsouins se groupent et sortent à la suite de ce brave chef qui réussit à aller au delà de la chaussée de Balan.

Un lieutenant de mobiles, de la compagnie de Givet, fait le coup de feu près d'un vieux franc-tireur de la presse et d'un capitaine de l'infanterie de marine ; tous trois sont blessés et l'on rentre en ville pour assister au lamentable spectacle que vous savez..............................

Les Francs-Tireurs sedanais.

D'autre part, sous la rubrique ci-dessus, un ami écrit ce qui suit à l'auteur :

« Qui se souvient des francs-tireurs sedanais ? Peu de monde assurément. Cependant ils ont existé et si on ne les a pas vus à l'œuvre c'est que l'essentiel leur manquait. Les chassepots promis par le Ministre de la guerre n'arrivèrent qu'après la formation de la garde nationale sédentaire et devinrent la proie des Prussiens qui les trouvèrent encore dans leurs caisses d'envoi. Le Président de la Société de Tir, Elisée de Montagnac, avait pensé, avec raison, qu'on pourrait en utiliser les membres qui, armés de l'arme de guerre, auraient pu sérieusement inquiéter l'ennemi ; il avait fait de nombreuses démarches qui aboutirent pour obtenir l'autorisation de former dans Sedan une Compagnie de francs-tireurs.

« Voici l'appel qu'il adressa à cette occasion aux membres de la Société. (1)

Société de Tir de Sedan

Compagnie sédentaire de Francs-Tireurs.

« Par suite de l'autorisation accordée à la Société de tir de Sedan, de s'organiser en compagnie sédentaire de francs-tireurs, Messieurs les membres qui désirent faire partie de la Compagnie, sont invités à se pourvoir, le plus promptement possible, du costume adopté en Assemblée générale.

« Veston en molleton bleu marine croisé sur la poitrine avec deux rangs de boutons noirs, pantalon gris clair à bandes noires, chapeau rond,

---

(1) Plus tard, Elisée de Montagnac considéra la formation des francs-tireurs comme une utopie. Tel n'est pas notre avis, ni celui des Allemands qui, dans leurs ouvrages sur la guerre de 1870, ne cachent pas la peur que leur causaient ces hardis volontaires.

noir avec plumes de coq et cocarde tricolore, guêtres de toile blanche, cravate noire, col blanc rabattu.

« L'armement sera fourni par l'Etat.

« Sedan, le 3 Août 1870.

« *Le Secrétaire,*
« Javelot.

« Des modèles seront déposés chez MM. Klein, Brasseur et Tassigny.

« Bien entendu, beaucoup furent s'inscrire et commandèrent leurs costumes, mais... l'armement promis ne vint pas ; forcément la Compagnie était dissoute. Quoi qu'il en soit il faut savoir gré aux membres de la Société de Tir d'alors de leurs bonnes intentions.

« Une seconde tentative fut faite pendant l'occupation. Deux hommes énergiques (nous n'aurons pas l'indiscrétion de les nommer ici) voyant que des francs-tireurs, sous la direction du brave brigadier forestier Rose, inquiétaient sérieusement l'ennemi aux environs de La Chapelle, eurent la patriotique pensée de former, le plus secrètement possible, une Compagnie franche qui devait être placée sous le commandement d'un officier échappé de Montmédy. Les adhésions ne manquèrent pas dans Sedan et ses environs. Les volontaires n'avaient pas d'uniformes, mais comme il leur fallait une marque distinctive, les deux organisateurs recueillirent, chez les pompiers de la ville, le plus de képis qu'ils purent. Quant à l'armement, les chassepots et les munitions ne manquaient pas à Sedan et à Bouillon. Cette fois encore, il était dit que tout irait de travers. L'officier, dont nous avons parlé, s'avisa d'aller sur la frontière exercer au tir quelques volontaires. Les Prussiens, toujours renseignés par des traîtres, qui n'ont pas fait défaut, hélas ! dans ces temps douloureux, eurent vent de la chose et commencèrent une enquête qui paralysa le bon vouloir de ceux qui avaient l'intention de marcher !

« Tout fut suspendu ; les pompiers rentrèrent en possession de leurs képis et voilà pourquoi on n'a jamais vu de francs-tireurs sedanais...... ...»

Mais il convient d'ajouter que pour faire leur devoir et payer leur dette à la patrie des Sedanais et des patriotes des communes voisines quittèrent leur foyer avant et après l'arrivée des allemands pour s'engager les uns à Sedan, les autres à Lille, à Paris, à Mézières, à Givet, etc., etc.

Voici tout d'abord, au hasard des souvenirs, quelques noms bien connus : MM. Béchet de Balan, neveu de M. Louis Bacot ; Anatole Blanchard, manufacturier, décoré pour faits de guerre (comme MM. Stackler et Ronnet) ; Charles Bertrand et Eusèbe de Rambert, allaient aux chasseurs à pied et prenaient part aux combats sous Paris ; Dorigny Adolphe, Victor Congar, Herpers ; Lefèvre, frère du négociant en laines, et d'autres étaient au 75e de ligne (armée de Faidherbe).

L'ami Ernest Créplet passait aux chevelus de l'armée de la Loire, tandis que son frère Emile (classe 1869) était canonnier à la citadelle de Mézières.

Cardot fils, fabricant d'eau de seltz ; Laurent,

de la manufacture Off ; Royer fils, ferblantier ; Poste, menuisier ; Auguste Quinet, architecte, s'engageaient au 40ᵉ de ligne à Givet avec d'autres Ardennais. Le 40ᵉ avait aussi reçu le fils du docteur Itasse, etc.

A la bataille de Sedan, un bataillon du 40ᵉ et le 2ᵉ bataillon de la mobile des Ardennes y prirent part.

Les Ardennais du 40ᵉ — à peu d'exception près —purent s'évader et réintégrer Givet, en attendant le départ pour l'armée du Nord.

Damuzeaux, Lenoble jeune, Eugène Dardare, gagnaient *les Eclaireurs de Lille* (ne pas confondre avec *les Zouaves du Nord* de triste mémoire.)

Haguette, Thoriac, de Sedan, entraient dans la 8ᵉ compagnie de la Mobile des Ardennes, à Givet et Mathy s'arrêtait dans l'artillerie commandée, à Mézières, par M. le comte de Viry.

Le brave et regretté M. Persil, professeur de philosophie au collège de Sedan — et décédé, ici, depuis peu d'années — rapportait en 1871, la médaille militaire à sa boutonnière.

Quand les Allemands se furent emparés de nos édifices publics, du château, de la mairie, de la sous-préfecture, ceux qui voulurent s'engager pour une durée quelconque, durent aller au bureau de recrutement de Mézières — où l'on vous recevait comme des caniches dans un jeu de quilles, — à Givet où mieux encore à Lille en passant par la Belgique.

Cependant l'auteur a pu rétablir la liste de tous les engagements contractés à la mairie de Sedan durant le mois d'Août 1870.

Après le 1ᵉʳ Septembre, il ne fut plus possible de s'engager à moins de passer la frontière pour gagner les points extrêmes du département (Givet); c'est de Givet que sont partis beaucoup de mes amis qui servirent dans l'une ou l'autre des armées improvisées de Gambetta.

Cependant, à un moment, bien des jeunes gens et des hommes même, habitant Sedan et l'arrondissement, furent empêchés de quitter le pays.

Une proclamation de Frédéric-François, commandant le 13ᵉ corps de l'armée d'occupation, *menaçait de la peine de mort tous ceux qui prendraient les armes contre les troupes allemandes*.

Mais ceux de nos compatriotes qui avaient vraiment du cœur au ventre prétextèrent un voyage en Belgique et s'engagèrent sans souci des menaces de l'envahisseur, et surtout sans attendre la fin de la campagne !

Quoi qu'il en soit, le document ci-après a sa place dans ce petit volume écrit à l'intention des anciens qui avaient le culte profond de la patrie et des jeunes qui n'ont fait qu'entrevoir les heures sombres de l'année terrible !

Liste des engagements volontaires contractés à la mairie de Sedan lors de la déclaration de guerre franco-allemande de 1870 :

Dromet Louis-Edmond, employé, Sedan, artillerie de la garde nationale mobile (engagement de 2 ans).

Cambray Gustave-Joseph-Eugène, tisseur, Francheval, 69ᵉ de ligne (2 ans).

Henry Charles, ferblantier, Mouzon, 2ᵉ hussards.

Bertrand Alexandre-Charles-Joseph, employé, Sedan, 18ᵉ bataillon de chasseurs.

Nolet Auguste-Michel, fileur, Illy, 61ᵉ de ligne.

Robin Eugène, fileur, Illy, 7ᵉ hussards (9 ans).

Henry Jacques-Albert-Paul, brasseur, Sedan, infanterie de la garde mobile.

Jason Edouard-Emile, ferronnier, Lamoncelle, 7ᵉ batterie d'artillerie de la garde mobile (Sedan).

Martin Joseph, ferronnier, Saint-Menges, 50ᵉ de ligne.

Gillet Onésime, terrassier, Balan, 1ᵉʳ génie.

Bosquet Prosper, tondeur, Balan, 100ᵉ de ligne.

Guichard Victor, foulon, Balan, 100ᵉ de ligne.

Leroy Charles, rentier, Sedan, 1ᵉʳ de ligne.

Lamasse Jean-Baptiste-Hubert, tailleur de pierres, Sedan, 3ᵉ génie (2 ans).

Noël Pierre, menuisier, Balan, 16ᵉ d'artillerie, (pontonniers).

Danloy Joseph-Désiré, décatisseur, Sedan, 33ᵉ de ligne.

Cartelet Alfred, carrier, Douzy, 100ᵉ de ligne.

Leduc Arthur-Laurent, tisseur, Illy, 7ᵉ hussards (5 ans).

Lebœuf Hubert-Emile, teinturier, Sedan, 8ᵉ de ligne.

Lambert Louis-Emile, fileur, Givonne, 3ᵉ génie (5 ans).

Lambert Eugène, journalier, Sedan, 3ᵉ génie (5 ans).

Dubois Jean-Baptiste-Arthur, tisseur, Douzy, 100ᵉ de ligne.

Collignon Jean-Baptiste, charpentier, Douzy, 100ᵉ de ligne.

Bouvier Victor, ouvrier de fabrique, Sedan, 1er zouaves.

Tellier Jean-Baptiste, teinturier, Sedan, 6e de ligne (5 ans).

Gettiaux Jean-Henri, maçon, Floing, 2e régiment du train des équipages militaires.

Legis Charles, rentier, Balan, 1er de ligne.

Pierre Edouard-Alfred, maçon, Pure, 1er zouaves.

Marchal Charles, ferronnier, Pure, 56e de ligne.

Pichot Etienne, tisseur, Douzy, 10e bataillon de chasseurs.

Mahin Jean-Baptiste, manœuvre, Rubécourt, 71e de ligne (5 ans).

Donné Victor, presseur, Sedan, 71e de ligne, *est actuellement titulaire d'une gratification de réforme pour coup de feu reçu à la guerre.*

Jean Joseph-Désiré, ferronnier, Francheval, 1er régiment du train des équipages militaires (9 ans).

Parent Jean, ouvrier de fabrique, Sedan, 1er zouaves.

Prin Henry, ouvrier de fabrique, Sedan, 33e de ligne.

Vautier Laurent-Xavier, ouvrier de fabrique (aujourd'hui facteur du télégraphe), Bazeilles, 2e zouaves.

Lenoir Hubert-Nicolas-Maximilien, ex-matelot, Bazeilles, équipages de la Flotte (division de Toulon).

Hubin de Guer Victor-Emile, marchand de laines, Sedan, 18e bataillon de chasseurs.

Gallet Constant-Léandre, vannier, Condé-lez-

Vouziers, infanterie de la garde mobile (bataillon de Sedan).

Evrard Nicolas, tisseur, Douzy, 8ᵉ hussards (5 ans).

Jacquemin Alfred-Désiré, tisseur, Douzy, 8ᵉ hussards.

Jacquet Auguste, tisseur, Douzy, 1ʳᵉ section d'infirmiers.

Mouze Jean-Nicolas, laineur, Sedan, 3ᵉ zouaves.

Herbulot Gustave-Henry, magasinier, Sedan, 3ᵉ zouaves.

Mazelot Eugène, tondeur, Sedan, 3ᵉ zouaves.

Bulliez Auguste-Henri-Joseph, tisseur, 15ᵉ d'artillerie (5 ans).

Alexandre Louis-Philippe-Eugène, fabricant de billards, Cheveuges, 8ᵉ de ligne.

Gérard Pierre-Augustin-Alexandrin, tisseur, Cheveuges, 8ᵉ de ligne.

Postat Jean-Nicolas, terrassier, Lamoncelle, 1ᵉʳ génie.

Chalon Victor, teinturier, Sedan, 3ᵉ zouaves (5 ans).

Tuot Henri-Désiré, jardinier, Sedan, 3ᵉ zouaves (5 ans).

Lebrun Jules-Paulin, fileur, Rubécourt, 1ᵉʳ zouaves (9 ans).

Grosselin Achille, tisseur, Francheval, 1ᵉʳ régiment des équipages militaires (5 ans).

Robin Auguste-François, tisseur, Saint-Menges, 3ᵉ chasseurs d'Afrique (5 ans).

Mathieu Auguste, manœuvre, Sedan, 74ᵉ de ligne (5 ans).

Cayet Georges-Alphonse, journalier, Sedan, 3ᵉ zouaves.

Alexandre Auguste-Emile, journalier, Cheveuges, 3ᵉ zouaves.

Deban Gustave, ouvrier de fabrique, Sedan, 3ᵉ zouaves.

Frère Ernest, teinturier, Sedan, 3ᵉ zouaves.

Delattre Charles-Albert, employé, Saint-Menges, 8ᵉ hussards (2 ans).

Laine Louis-Jules, fileur, Givonne, 1ᵉʳ zouaves.

Loosen Louis-Alexandre, terrassier, Vrigne-aux-Bois, 100ᵉ de ligne (avait 48 ans).

Toussaint Jean-Jules, ébéniste, Sedan, 1ᵉʳ zouaves (5 ans).

Garnier Ernest-Alphonse-Germain, manœuvre, Sedan, 3ᵉ zouaves (5 ans).

Prêtre Victor-Théophile, ex-infirmier militaire, Sedan, 3ᵉ section d'infirmiers militaires.

Pierre Léon-Nicolas, laineur, Donchery, 1ᵉʳ d'artillerie de marine (5 ans).

Andrien Honoré, tondeur, Donchery, 1ᵉʳ d'artillerie de marine (9 ans).

Mabile Jean-Nicolas-Adonis, fileur, Rubécourt, 1ᵉʳ zouaves (5 ans).

Lefranc Jean-Baptiste-Honoré, laineur, Donchery, 100ᵉ de ligne (5 ans).

Warin Pierre-Alfred, ferronnier, Angecourt, 11ᵉ d'artillerie.

Dessy Henry, chauffeur, Sedan, 2ᵉ d'infanterie de marine (5 ans).

Loupe François, ferronnier, Sedan, 3ᵉ zouaves.

Fourneau Adolphe-Victor-Alphonse, employé de commerce, Sedan, 3ᵉ zouaves.

Wagner Antoine, manœuvre, Sedan, 1er bataillon d'Afrique (avait 51 ans).

Leroy Joseph, tisseur, Francheval, 69e de ligne.

Misset Jean-Baptiste-Désiré, tisseur, Francheval, 69e de ligne.

Legendre Stanislas-François, manœuvre, Francheval, 1er turcos (avait 56 ans).

Bournel Remy-Gustave, tisseur, Saint-Menges, 1er zouaves (2 ans).

Isard Claude, laineur, Sedan, 1er zouaves.

Lamfroy Jean-Baptiste, maçon, Herbeuval, 2e zouaves (5 ans).

Thiry Joseph, ouvrier de fabrique, Sedan, 19e bataillon de chasseurs.

Nolet Jean-Emile, tisseur, Saint-Menges, 1er d'artillerie (2 ans).

De La Brosse Toussaint-Adrien, manufacturier, Floing, artillerie de la Garde mobile (batterie de Sedan).

Lartigue Henri-Gustave, employé de commerce, Sedan, 3e section d'infirmiers, comme commis aux écritures.

Lheureux Jean-Baptiste, menuisier, Sedan, 19e de ligne (2 ans).

Geoffroy Jean-Pierre, maçon, Pouru-Saint-Remy, 1er zouaves.

Legendre Léon, ouvrier de fabrique, Sedan, 1er bataillon d'Afrique.

Tuot Jean-Baptiste-Jules, domestique, Sedan, 11e de ligne (5 ans).

Mayet Jules-Raymond, teinturier, Sedan, 1er zouaves (5 ans).

Dubuc Jean-Baptiste-Alfred, ouvrier de fabrique, Sedan, 3ᵉ lanciers (3 ans).

Godfrin Emile, tailleur de pierres, Sedan, 2ᵉ zouaves.

Lejeune Florentin, terrassier, Villers-Cernay 1ᵉʳ génie.

Gippon Jean-Baptiste, terrassier, Villers-Cernay, 1ᵉʳ génie.

Marin Louis-Théophile, horloger, Connage, 1ᵉʳ zouaves (5 ans).

Lecossois Gilbert, tisseur, Pouru-Saint-Remy,

Vautier François-Alexandre, tisseur, Pouru-Saint-Remy, 1ᵉʳ zouaves.

Dorigny Antoine-Auguste, maçon, Sedan, 1ᵉʳ zouaves *(titulaire d'une gratification de réforme pour blessure)*, avait 37 ans.

Harpez Constant, maçon, Sedan, 1ᵉʳ zouaves.

Nivard Antoine-Pierre, maçon, Sedan, 1ᵉʳ zouaves.

Compas Louis-Gustave, contre-maître, Bosséval, 2ᵉ zouaves.

Bellon Pierre-Adolphe, terrassier, Sedan, 1ᵉʳ zouaves.

Croyet François, tisseur, Escombres, 4ᵉ d'artillerie à pied (5 ans).

Philippe Nicolas-Ferdinand, peintre, Pouru-Saint-Remy, 1ᵉʳ zouaves (2 ans).

Lemoine Marie-Edmond-Honoré, tisseur, Douzy, 4ᵉ lanciers (5 ans).

Andry Constant-Etienne, tisseur, Saint-Menges, 8ᵉ hussards, (2 ans).

Fossoul Zénobe-François, ex-militaire, Sedan, 2e turcos (avait 43 ans) (1).

Boquet Gilles, postillon, Sedan, 1er chasseurs d'Afrique.

Blanchard François, poêlier, ancien militaire, Givonne, 46e de ligne (avait 36 ans).

Bonnet Auguste-Antoine, tisseur, Balan, 3e zouaves.

Frère Auguste, cordonnier, Sedan, 3e zouaves.

Streiff Joseph-Nicolas, employé, Neunkirch (Moselle), Garde nationale mobile de Paris (infanterie).

Mouffran Charles-Jean-Baptiste, tisseur, Floing, train des équipages militaires (5 ans).

Larue Auguste-Emile, représentant de commerce, Balan, 75e de ligne (2).

Brugneaux Jean-Baptiste, ex-militaire, Francheval, 1er zouaves (avait 39 ans).

Couvelaire Alexandre-Henri-Félix, professeur de rhétorique, Sedan, 75e de ligne.

Lecossois Jean-Alfred, domestique, Pouru-Saint-Remy, 1er zouaves.

N. B. — Ces 117 engagements ont été contractés à la Mairie de Sedan, du 4 au 30 Août 1870.

En dehors des noms des hommes qui se sont engagés pour une période déterminée, qu'on a

---

(1) Ancien tambour aux pompiers de Sedan, réintégra la compagnie en 1873 et remplaça Collignon la même année qu'on enterra le général de Beurmann et le lieutenant Waharte.

(2) C'était le joyeux camarade que nous avons entrevu sur les remparts du Petit Quartier, parmi les canonniers de Noël (Mignard), Larue, qui vivait en dernier, ruelle Ricousse, a été inhumé au Fond-de-Givonne en présence du lieutenant-colonel Larue, son frère, et de nombreux amis.

d'ailleurs indiquée, tous les autres se sont engagés pour la durée de la guerre.

**

Un Sedanais m'adresse encore à la dernière heure quelques lignes :

« Le bas du talus de la digue, planté d'arbres, était dégoûtant avec ces tas d'immondices qui s'amassaient là depuis des années, en dépit des défenses du génie et des affiches municipales.

Le 31 Août, des citadins circulaient comme d'habitude sur la promenade de la Digue, plantée de peupliers d'Italie, au feuillage argenté ; là, assis sur des bancs, de vieux rentiers et des boutiquiers du quartier du Collège discutaient des événements tandis que çà et là, la silhouette d'un artilleur citoyen émergeait au-dessus du rempart au milieu d'uniformes disparates de soldats appartenant à toutes les armes.

Le lendemain, paraît-il, le rôle des canons du Bourrelet devait être passif surtout quand les premières pièces allemandes, placées au-dessus de Wadelincourt, eurent fait entendre leur voix mâle.

Répondre eut été plus qu'inutile dans les conditions où se trouvaient les pièces du lieutenant M. Robert.

On parle d'un incident survenu au moment de l'arrivée d'un cavalier quelconque du côté du chemin, alors submergé, et allant des maisons du Petit-Pont et de la Varinelle au bac du père Vautiers.

Ce cavalier mystérieux essuya, du Petit-Pont et d'ailleurs, plus de cent coups de feu sans être influencé le moins du monde !!!...

Les pompiers étaient surtout chargés de garder le Bourrelet et le poste se trouvait dans le jardin de M. Durotois, au-delà de la porte du père Mouse.

Le 1ᵉʳ Septembre, au matin, les pompiers, rappelés en ville, laissèrent les artilleurs sur le Bourrelet.

Le fils Bertrand, dit Ricaud, frère de « philosophe » quoique ordonnance bénévole du capitaine Pierre, était attaché au poste de la Digue ; c'est lui qui racontait qu'apercevant l'Empereur dans Sedan, un pompier — aujourd'hui à Saint-Charles — disait : « faut-il que je le tue ? »

Le brave pompier — qui détestait Napoléon le Petit — était l'homme le plus pacifique de la Compagnie... Il passa son chemin et oublia vite son premier mouvement... »

*
* *

J'en ai fini avec les artilleurs sédentaires ; cependant je regrette de n'avoir pu obtenir le tableau complet du cadre et de l'effectif des deux batteries.

J'ai fait tout ce qu'il a été possible en groupant des relations diverses émanant de témoins dignes de foi.

J'espère qu'un jour celui qui écrira l'histoire complète et documentée de la bataille, au point de vue local, sera plus heureux.

Je le souhaite de grand cœur, car dans notre chère cité, les gardes nationaux, les pompiers et les volontaires méritent plus qu'une mention ; ils ont fait leur devoir et, à part quelques rares exceptions, la frousse n'a jamais régné parmi nos braves citoyens, même au plus fort du bombardement......................................
....

CHAPITRE V.

Les Pompiers. — Avant la guerre. — Coup d'œil rétrospectif. — Au moment de la guerre. — Les auxiliaires. — Lamé et Rondeau. — Au Dijonval. — Rapport du capitaine Pierre.

Ce chapitre étant consacré à nos braves sapeurs-pompiers, il paraît utile de jeter un regard en arrière et de noter ce qui s'est passé dans la Compagnie, en remontant au 19 avril 1862, jour où Bertrand (Ricaud), bottier, place du Collège, était nommé sergent à la troisième escouade, en remplacement du père de M. G. Pierlot, le capitaine actuel.

En 1863, Tisseron père, de la place d'Harcourt, est toujours sergent-major quand il reçoit l'ordre du capitaine Pierre de convoquer la compagnie ; cet ordre est contresigné : E. de Montagnac et Bertrand.

Le 20 Juin 1863, un incendie éclate rue du du Rivage ; le caporal Herbeuval de la troisième se distingue.

A la fête de « l'Empereur, » la compagnie va au tir à la cible et les lauriers sont remportés par les sapeurs Watrin (sixième), Collin (deuxième) et Lécaillette, caporal.

Par décret du 30 Novembre 1863, M. Bertrand, maître couvreur, faubourg du Ménil, est nommé lieutenant et M. Georges Bacot, sous-lieutenant.

En Décembre, Grenier et Gippon passent dans l'escouade des anciens et cèdent leur place de caporaux à Ludet et Potier.

En Janvier 1864, un sinistre est signalé maison Leroy ; on attaque très vigoureusement, sous les ordres du lieutenant Bertrand ; Watrin dit Cabat et Massin-Lamorlette sont signalés.

Peu après, Lambert, du Fond-de-Givonne, prend la succession de Didier, sergent à la première et Henry devient sergent de la huitième ; même promotion, on trouve : Estévenin, caporal ; Thierry, caporal porte-lance ; Monnet, caporal tête-chaîne.

Le sergent Vesseron, dit la tête de moleton, est chargé du classement des hommes dans les deux escouades de Torcy.

Le 17 Février 1864, Buart, nommé sous-lieutenant, cède sa place de sergent d'escouade de sape à Noël, dit le Russe.

La fanfare s'éveille un beau matin de Mai ; Roland, professeur de musique, décroche l'épaulette de sous-officier-chef et Carré dit la Joie, maître cordonnier, est son *alter ego* ; ce dernier avait été piston soliste dans un régiment de dragons.

En Mai, le maréchal Forest passe à Sedan ; les pompiers fournissent l'escorte d'honneur.

Décès de Lancret et nomination du caporal Vauché-Lécaillette. En Février 1865, Bernique attrape à son tour les deux galons de laine et remplace Tavenaux qui passe à la sixième, où était son père, admis aux anciens.

M. Waharte, sergent (7e escouade), est nommé sergent-major à la place de Tisseron.

En 1866, le sous-lieutenant Georges Bacot n'est plus à la compagnie qu'avait commandée son honorable père, M. David Bacot; il habite Bordeaux et fait un don, à la caisse des pompiers, de deux titres de rente 3 %.

Le 21 Avril, arrive le décret nommant Waharte sous-lieutenant, à qui succède peu après le caporal Monet, en qualité de sergent-major (Mai 1866).

Le général Brincourt écrit au capitaine Pierre ce qui suit, en parlant des sapeurs-pompiers :

« Soldats-citoyens, ils ont l'amour de l'ordre et de la discipline, l'abnégation qui fait affronter le danger, le dévouement qu'inspire la véritable fraternité, la bonne conduite des chefs de famille qui tiennent à laisser à leurs enfants un nom respecté et de bons exemples à suivre. Travailleurs modestes, ils attirent à eux les autres classes de l'ordre social, car chacun tient à honneur d'appartenir à leur institution.

« Je serai bien fier d'être inscrit comme simple soldat sur les contrôles de la Compagnie et de m'associer aux œuvres de confraternité dont elle s'honore.

« Général Brincourt. »

Voici la lettre d'admission adressée au général :

« Mon Général,

« Conformément aux dispositions du règlement particulier de notre Compagnie, j'ai réuni le conseil de famille pour statuer sur la demande d'admission.

« Le conseil autorise votre inscription au

contrôle en qualité de sapeur-sauveteur dans l'escouade de votre quartier, soit à la pompe n° 6, place de l'Hôtel de Ville.

« Votre nom, mon général, est sur le contrôle de la Compagnie ; nous sommes bien fiers de cette preuve d'amitié qui fera sur tous plus d'effet moral que tous les règlements possibles.

« Agréez, etc.
« Le capitaine Pierre. »

Le 23 Septembre 1866, un incendie éclate au temple protestant ; le rapport réclame une récompense honorifique pour :

1° Le lieutenant Bertrand, entré à la Compagnie le 29 Novembre 1849, après avoir fait un congé dans l'armée : passé sous-lieutenant en Décembre 1851 et lieutenant le 30 Novembre 1863.

2° Buart, sous-lieutenant depuis le 17 Février 1864, est entré à la Compagnie le 4 Juin 1844 (en tout 22 ans de service).

3° Le caporal porte-lance Herbeuval, entré en 1849.

Le 12 Janvier 1867, Carré devint chef de fanfare et Langlois sous-chef.

Le 19 Mai 1867, à une revue de matériel, une médaille d'honneur, offerte par l'Empereur, est remise au sous-lieutenant Buart ; même revue, une épée d'honneur offerte par la Compagnie est remise au capitaine Pierre par M. A. Philippoteaux.

Le 2 Juillet, le papa Ménard, serrurier, chaussée de Balan, est admis aux anciens ; le cafetier Antoine lui succède comme sergent et Grandjean, porte-conduit à la 2me, passe caporal, en remplacement d'Antoine.

Le 6 Août, Sarzacq est nommé sergent-fourrier et Froumy, porte-lance, caporal, en remplacement de Potier, démissionnaire.

Pierrard-Maily démissionne et cède son grade de caporal à Duchâtel (6 Août 1867) ; même jour Massin, sapeur à la septième, prend la succession du caporal Maury, decédé.

Par suite du changement de quartier de M. Ch. Waharte, sous-lieutenant, il prend le commandement de la deuxième division (troisième et quatrième escouades) et la troisième division (cinquième et sixième) passe sous le commandement du sergent-major Monet.

Le 17 Septembre 1868, Claude dit Suzan, patron chaudronnier, devient caporal tête-chaîne à la deuxième escouade.

Le 2 Juillet 1869, Edgard Duchatel, arrive sergent à la sixième escouade, en remplacement de Gérardin, démissionnaire pour raison d'âge, et admis aux anciens.

En Juillet 1869 Lemaire, professeur de musique, remplace Etienne Carré. Le caporal Ludet est nommé sergent à la cinquième, en remplacement de Délestré, admis aux anciens, après 40 ans de loyaux services ; Sougniez, porte-conduit, remplace le caporal, comme Arnould Christophe devient caporal tête-chaîne après Duchâtel précité.

Nous arrivons en 1870. Ducros est sergent et Servotte, sellier à Torcy, caporal en date du 1er Janvier ; au milieu du mois, la fanfare a pour nouveau chef Adolphe Travailleur, attaché au bureau du génie militaire et sous-chef Le Batteux.

Le 22 Juin 1870, l'épaillage Bourguignon, place de l'Isle, est en feu à la pointe du jour; c'est un dimanche, le lieutenant Bertrand a la direction des secours. Herbeuval, caporal porte-lance et Démagny fils, caporal, sont remarqués.

Nous arrivons à la fatale guerre et la Compagnie reçoit à titre de sapeurs auxiliaires ceux de nos concitoyens dont les noms suivent :

MM. Léger Parent, Amstein-Desrousseaux, Serrié, Lamorlette, Jules Mary, Alf. Pierrot, Lucas, Socquet, L. Husson, Feltus, Ed. Dégahir, Gilbert, Em. Pierrot, Bourotte, Lallement, Bertrand, Carré-Dreux, Fréminet, J. Taveneaux, E. Gardin, Ch. Docquin, Ch. Pierrot, Gœtz, Eug. Pétré, Sirelle, M° Gibert, notaire, Chéhet, Ch. Mary, E. Quinard, A. Guillaume, E. David, Ed. Sarazin, G. Husson, Estourneaux, Eug. Dégahir, Pierre Lambert, Jacquemart, Emile Tixier, Bouissède, Lenoir, Delebecque, Louis Gippon, Er. Billy, Pierrard-Thonnel, Camille Papou, P. Dégahir, V. Taveneaux, Stocanne dit Sonville, Charpentier, Rousseau Etienne, Pusch Léon, Poste-Raulin, Picart, Dardare, Hart, Rossillon, Gonry, Lambermont, Lartigue, Lambottin, Gautier, Ch. Letellier, Dacremont, Dertelle, Lechanteur, Louis-Jacquard, Perraud, E. Tellier, Robert-Thierry, Joseph, greffier, Liénard-Thomassin, Simonet, Petit, Maubacq, Lassance, Feraille, Lambermont, Aug. Douret, Lajeunesse, Nouviaire, Surget, H. Misset, Ch. Leclère, F. Menu, Lapierre, Diémert, Schneider, Pierrard-Beauchot, Cracco, P. Pelette, Peignois jeune, Laval-Tinant, Ch. Docquin, Emile Lamotte, Froissard, Gobron, Véry, François Taveneaux, Ch. Gillet, Alf. Villain, Deschamps-Langlois, Ch. Rousseau, C. Ronsin, Bourguignat, Daux, Ch. Dazy, greffier, Lenoble-Verguin, Ch. Bertèche, Léon Notté, Launois, Langlois, Lamasse.

Il est bon de rappeler ici l'effectif de l'escouade du faubourg du Ménil formé comme suit en Septembre 1870 et isolée du centre de la ville :

Travailleur, chef de pompe ; Lamorlette, ancien zingueur, porte-lance ; Papon, tête-chaîne ; Texier, sapeur porte-hache ; Lambottin ; Feltus, premier porte-conduit ; Lamorlette (deuxième), Lambinet (troisième), Collignon (quatrième) et Renaux cinquième porte-conduit ; Nouviaire, aide-pompe ; David, Dégahir, Eug. Robert, Dégahir et Ernest Pierrot, servants.

La pompe était remisée maison Poncelet.

**

Notes du clairon Lamé et du sapeur Rondeau.

Le lendemain du départ du 1ᵉʳ de ligne, c'est-à-dire le 21 Juillet, les pompiers — on l'a dit — occupèrent immédiatement les principaux postes au Château, à la Halle, etc.

L'adjudant M. Monet-Reiter s'occupait beaucoup des détails de service ; M. Pierre avait assez du commandement qu'il partageait avec les officiers d'alors : Bertrand, Buart et Waharte.

A ce moment, voici les noms des sergents des huit escouades :

Lambert, du Fond-de-Givonne..	1re escouade.
Antoine, du café de la Halle....	2e »
Bertrand, de la place du Collège.	3e »
Démagny père, de la rue Sainte-Barbe.......................	4e »
Ludet, cafetier, place de la Halle	5e »
Duchâtel (dit poil de souris)....	6e »
Vesseron, charpentier.........	7e »
Ducrot, à Torcy..............	8e »

Le clairon Lamé fut agréé comme ordonnance de M. le lieutenant-colonel Melcion d'Arc, commandant la place, lequel logeait au château avec sa femme et un cocher.

Le secrétaire du bureau de la place était le capitaine Vallette, ayant pour sergent-secrétaire, Hérel, détaché du 1er de ligne et pour aide-secrétaire civil le grand Bertèche, de Torcy.

Un matin, au rapport de la place, Melcion d'Arc se révéla poète, en disant un petit poème patriotique sur la « vaillante terre Lorraine, » dont il descendait par Jeanne la Pucelle.

Peu de temps avant l'arrivée de l'ennemi, un notable de Sedan serait venu au château et aurait demandé, anxieux, au commandant, ce qu'il ferait en cas de siège et si ses intentions étaient déjà arrêtées ?

Certainement, dit le commandant très vivement, mais je n'ai pas à vous entretenir ici, plus qu'ailleurs, du reste, de mes idées ou projets militaires.

Le notable n'y revint pas.

Au défilé des gardes montantes (gardes nationaux, pompiers, etc.), le lieutenant-colonel ne manquait jamais d'assister et de prononcer des paroles patriotiques (cela confirme le récit de Léon Pierrard).

On sait que la douane, commandée par divers officiers dont un M. Benoit, retraité depuis à Saint-Menges, était casernée au château. La douane était chargée d'escorter les convois.

On a parlé du lieutenant Munaud-Hérard, de Saint-Menges ; avec lui les pompiers de Floing montaient la garde au château ; ceux-ci étaient commandés par le lieutenant Servais et le sous-lieutenant Sécheret ; le sergent de la subdivision de Floing était le père Millard qui a crié durant de nombreuses années, chaque matin, à travers les rues de la ville : « Faut-il du lait ? »

Le sergent Millard ne rata pas une garde et pendant ce temps-là Lamé et Lambinet faisaient l'école à la clique du deuxième bataillon des Mobiles des Ardennes, commandé par M. de Verlange ; c'est là qu'avait débuté M. Anatole Blanchard, en qualité de capitaine, avant d'aller rejoindre l'une des armées de Gambetta.

Un jour, Forest, neveu de l'entrepreneur du génie, Martinet, était occupé à coucher sur un carnet diverses notes de travaux à effectuer ; il pose son calepin pour prendre quelques mesures.

Le sieur Renaut, employé des ponts et chaussées et garde national, croit qu'il a devant les yeux un espion qui lève un plan de la forteresse ; il s'empare du carnet et le remet au commandant de place qui reconnait l'écriture de Forest et rit à se tordre..., tandis que Renaut se retire ahuri...

A la première fausse alerte, le lieutenant-colonel fit sonner la générale par Lamé et elle fut répétée immédiatement par les trompettes d'artilleurs, place du Château.

Le colonel fit une ronde jusqu'au Bourrelet : n'ayant rien trouvé d'anormal il fit battre la « Berloque. »

Durant la soirée, la troisième compagnie de Mobiles, sous les ordres de M. E. de Montagnac, fut détachée pour aller garder des wagons de vivres stationnés sur la voie ferrée entre Douzy et Bazeilles.

Le 28 Août, autre alerte à propos de l'arrivée du prince Louis. Dans la soirée, le colonel de place avait reçu l'ordre de faire préparer huit écuries pour les chevaux de la suite du héros de Saarbruck, composée d'un escadron de guides.

Le commandant se rendit au quartier de Torcy, où il ne put pénétrer que difficilement, au milieu d'un encombrement de pontonniers et d'autres soldats.

Melcion d'Arc n'alla pas, à la sous-préfecture, saluer le prince, en prétextant qu'il avait des choses bien plus sérieuses à faire ! *(sic)*.

Le 31 Août, M. l'Intendant Ulrich, descendu à l'hôtel de la Croix d'Or, chez Bertheau, fait demander un homme de confiance à la Place.

Melcion d'Arc lui envoie le pompier Lamé.

L'Intendant questionne le clairon durant une heure, l'instruit de ce qu'il doit faire, donne ses derniers ordres, en lui recommandant surtout de prendre la tenue la plus obscure, afin de ne pas attirer l'attention.

Lamé avait pour mission de porter une dépêche

à Mézières, afin de presser l'envoi de soixante wagons de vivres stationnés en gare de Charleville.

La route nationale n'était plus sûre.

L'envoyé prend le chemin de Vrigne-aux-Bois, où il rencontre des uhlans ; il doit se cacher et au lieu d'arriver à Charleville à dix heures du soir, il n'y est qu'à six heures du matin.

Il s'adresse à la gare où un sous-chef de service lui répond qu'il est impossible de faire partir les wagons, puisque l'ennemi a fait sauter le pont de Villette.

Lamé tire deux reçus de sa dépêche et sur le conseil qu'on lui donne, il prend le chemin de Nouzon pour gagner Neufmanil, Gespunsart et Sugny, où il couche.

Là se trouvaient déjà des fuyards de toutes armes et des habitants de Sedan.

Lamé, après un court repos, revient de Sugny, en compagnie de Pierre, le piqueur de M. Aug. Robert ; mais, comme on ne peut pénétrer dans Saint-Menges, il prend du côté de Fleigneux.

Lamé rentre à Sedan, au moment où l'on commence à enterrer les morts ; l'intendant Ulrich félicite Lamé qui va rejoindre le commandant de la place ; celui-ci, prisonnier sur parole, était en train de déménager, mais il ne put tout enlever, car au premier panier de vin qui passa au poste, les Allemands s'en emparèrent.

Le père Ferrand, le casernier du château, frère de Mme Bertrand dit Rigaud — s'il vivait encore — confirmerait le récit de Lamé.

Les Prussiens firent des recherches pour découvrir la cave de Melcion d'Arc... Mais tout avait été détruit...

Quant à Lamé, il partit pour Lille où il s'engagea ; il fut caporal clairon aux « éclaireurs du Nord. »

Lamé, après la guerre, rentra aux pompiers, où il est encore.

Le sapeur Rondeau, le 31 Août, fut chargé avec ses collègues de couper les arbres sur les glacis, entre la porte de Wadelincourt et celle de Paris.

Le 1er Septembre, au matin, les pompiers étaient aux remparts ; à la porte de Paris, l'un d'eux annonce à un général qui passe, que les Prussiens sont à la Marphée !...

— Croyez-vous ? fait le général.

— Oui, mon général, reprend Rondeau, et il serait facile de le prouver en envoyant un obus...

L'officier supérieur partit sans répondre.

Vers sept heures du matin, le sapeur Rondeau est chargé d'aller planter des palissades (il était vraiment temps !!) derrière le château, en s'adjoignant soixante hommes de bonne volonté.

On part du château avec un paquet de clefs, mais il est impossible d'arriver jusqu'à l'Asfeld, à cause de l'encombrement des rues par les soldats, les voitures et les caissons.

Le sapeur Rondeau congédie les volontaires, après avoir remis les clefs à Melcion d'Arc, qui le reconnaît.

En effet, en Crimée, Rondeau avait eu pour chef de bataillon, notre commandant de place.

Rondeau, au feu du Dijonval, se trouvait sur le toit avec Watrin père, quand le capitaine Pierre le fit demander pour l'accompagner, dans une ronde à travers la ville, afin de reconnaître où tombaient les projectiles pouvant communiquer le feu.

C'était une besogne pénible et dangereuse.

Dans une visite à l'ancienne sous-préfecture, le capitaine et son sapeur, se trouvant dans un grenier, faillirent être foudroyés par les obus.

Après avoir fait une courte apparition aux postes de pompiers établis en hâte au théâtre, à la halle, au Ménil et au collège, le capitaine, en passant rue de l'Horloge, vit tomber un général et un nommé Soin, de la chaussée de Balan.

A quatre heures du soir, le sapeur Rondeau est chargé d'un travail de dégagement, au pont-levis du grand quartier, quand arrive un parlementaire allemand qui se rend à la sous-préfecture.

Rondeau reçoit l'ordre d'aller débarrer les Cunettes, au moment où le magasin à fourrages de Torcy est la proie des flammes.

Le capitaine, qui a retrouvé son fidèle sapeur, apprend la suspension d'armes. Ordre est donné aux sapeurs d'avoir à se retirer chacun chez soi, jusqu'au lendemain au premier signal.

Le pompier Rondeau, comme d'autres, a sa maison envahie ; il retourne au feu du Dijonval.

*
* *

Il ne faut pas oublier non plus le pompier J.-B. Jacquemart qui était, en 1870, attaché à la maison de M. E. Baquet, marchand de draps, en face le café des Arts.

Aujourd'hui, M. Jacquemart — comme chacun sait — tient l'*Estaminet de France*, rue Saint-Michel.

Avant la bataille, dans une lettre qu'il écrivait au maire Philippoteaux, M. Jacquemart faisait remarquer, avec raison, que les pièces de canons placées sur le Bourrelet n'étaient pas gardées ! M. Jacquemart et quelques-uns de ses amis, tous anciens soldats, s'offraient à la garde des pièces.

Le lendemain, M. Philippoteaux envoyait son fidèle agent Gérard chez M. Baquet, afin de prier le citoyen Jacquemart de passer au bureau du Maire...

M. Jacquemart fut félicité ; il désigna au maire les noms d'amis et de Sedanais qui devinrent les pompiers auxiliaires (ou engagés volontaires).

M. Jacquemart fut nommé instructeur et il monta sa première garde, au château, en compagnie de Tavenaux, faisant les fonctions de sergent.

Quand le feu du Dijonval éclata, les pompiers rentraient de la porte de Paris : le sapeur Jacquemart fut placé en sentinelle, vis-à-vis le Pont Rouge, ayant pour consigne d'empêcher de sortir de la Cassine, les personnes qui voulaient couper à la chaîne.

Six ou sept heures se passèrent... et le pompier Jacquemart était toujours au Pont Rouge, baïonnette au canon...

Et la faim ! Et la soif, plus terrible encore, aiguillonnaient notre concitoyen qui, n'y pouvant plus tenir, abandonna son poste... Mais, ajoutons qu'à ce moment la garde du Pont Rouge n'avait plus la moindre utilité !!!...

Au Dijonval.

Le feu s'était déclaré, à neuf heures du matin, dans la maison d'habitation. La cinquième et la sixième escouade furent envoyées sur les lieux du sinistre.

La cinquième, qui se trouvait au théâtre, était ainsi composée :

Ludet, sergent ; Bernique père, caporal porte-lance ; Saugnier, caporal tête-chaîne ; Leruth, porte-hache ; Pierlot et Menu, sapeurs ; Charles Bertèche, auxilliaire.

Il était difficile —pour ne pas dire impossible— d'avancer sur la place Turenne et dans la rue Blanpain ; nos pompiers, à force d'énergie et de volonté, purent arriver à la Cassine, où la sixième escouade était commandée par le sergent Duchatel, ayant avec lui le caporal porte-lance Tavenaux, le deuxième caporal Arnoux Christophe, le caporal Watrin père, etc., etc.

Les gardes nationaux aidaient les pompiers qui étaient sous les ordres de l'adjudant Monet. Tous nos concitoyens furent superbes de courage. Sous une pluie de projectiles qui ne finit que vers cinq heures du soir, ils demeurèrent exposés sur les toits ou dans la cour sans la moindre défaillance.

Grâce aux secours, on put préserver l'immense usine du Dijonval où, durant l'incendie, des officiers de cuirassiers, arrivés de la veille, déjeunaient tranquillement dans le jardin. Inutile d'insister sur cet incident qui ne fut pas le seul, hélas !

Nos pompiers, au Dijonval, se montrèrent, comme partout ailleurs, à la hauteur de leur tâche, ainsi que le prouve le document officiel suivant :

Rapport du capitaine Pierre
(Décembre 1871).

« Je n'ai pas, Monsieur le Maire, à renouveler les propositions de récompenses (elles avaient trait à Bertrand, Herbeuval et Démagny fils), à cause des tristes et douloureux événements que nous venons de traverser, et puis, vous le savez, ma compagnie est passée par suite du départ de la garnison sous les ordres de la Place, le 21 Juillet, et elle en a fait gratuitement le service (gardes, rondes, patrouilles, etc.) jusqu'après la reddition. Le 31 Août et 1er Septembre, portée par ordre de la Place à la garde du secteur de la porte de Paris, elle fournissait au chef du génie des détachements de travailleurs pour achever, sous le feu de l'ennemi, le palissadement et l'abatage des arbres des glacis, qui gênaient le tir de la Place. C'est le 1er Septembre, qu'occupant le même poste avec un reste de compagnie d'infanterie de marine, mise sous mon commandement, que les obus ont commencé à pleuvoir et que la Place m'a fait relever par un bataillon de zouaves et rentrer en ville avec ma compagnie pour y organiser par quartier les postes d'incendie ; il était temps, car, à peine installé, deux graves incendies éclataient en même temps, l'un maison Chémery, rue des Fours, et l'autre faubourg de la Cassine, au Dijonval ; les rues couvertes de cadavres de chevaux, d'hommes blessés ou harassés de fatigue, de voitures, de chariots, de caissons, je me demande encore aujourd'hui comment nous avons pu faire, sous la pluie d'obus et de grenades qui tombait, pour amener le matériel sur le lieu du sinistre.

« L'incendie Chémery, attaqué instantanément par la division du lieutenant Waharte, qui était au collège, fut réduit rapidement.

« Le Dijonval fut attaqué par la division de l'adjudant Monet ; elle travailla deux jours et une nuit.

« Les quartiers de la Halle et du Ménil étaient secourus et surveillés par la division de M. le lieutenant Bertrand, laquelle y a éteint et noyé un nombre considérable d'obus et de grenades.

« La division du sous-lieutenant Buart, à Torcy, a essayé d'attaquer le magasin à fourrages qui était en flammes, mais après avoir reconnu l'inutilité de ses efforts, elle a porté ses soins sur le chantier de bois qui avoisinait ce magasin et la maison Ducros qui flambait, puis sur celle du sieur Langlois, qu'un obus incendiaire venait de traverser jusqu'au deuxième étage.

« En résumé, Monsieur le Maire, dans cette fatale journée, par la bonne distribution des services, ma compagnie a sauvé notamment, malgré le feu incessant de l'artillerie ennemie, l'usine de M. Chémery, rue des Fours, les bâtiments de fabrique du Dijonval, en coupant l'incendie à hauteur des remises et écuries et a conservé ces établissements à la nombreuse population ouvrière qu'ils font vivre, éteint deux maisons d'habitation et noyé un nombre considérable d'obus et de grenades dans le centre de la ville.

« Je puis citer comme s'étant particulièrement distingués dans divers incendies : à la maison Chémery, Herbeuval fils ; au Dijonval, l'adjudant Monet, le caporal Bernique, le caporal Watrin dit Cabat ; à Torcy, le caporal Servotte.

« Tel est, Monsieur le Maire, l'historique des principaux services gratuits que nous avons rendus à la ville et à l'Etat du 21 Juillet au 2 Septembre 1870.

« Signé : PIERRE. »

***

Ici finit ce récit que l'auteur regrette de n'avoir pu faire plus complet.

Cependant, grâce à des patriotes, à des Sedanais de cœur, à des correspondants de bonne volonté et des amis dévoués il a pu faire revivre, aussi fidèlement que possible, un point de notre histoire locale, en rappelant la conduite si digne d'éloges des gardes nationaux et des sapeurs-pompiers de Sedan en 1870.

Il a pu aussi, en citant une page inédite sur « les francs-tireurs sedanais, » publier la liste complète de ceux qui ont contracté un engagement quelconque, à Sedan, lors de la déclaration de guerre franco-allemande.

Le but que se proposait l'auteur est atteint en partie, c'est l'essentiel ; et il termine en remerciant sincèrement ses collaborateurs.

Sedan, le 28 Août 1896.

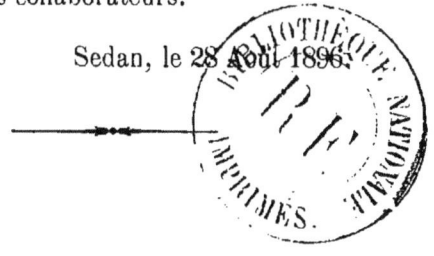

TABLE DES MATIÈRES

	PAGES.
Au lecteur	5
Avant-propos	7

Chapitre Ier. — Journal de M. J.-B. Brincourt. — Version d'après M. François-Franquet. — Version de M. Henry Rouy..   19

Chapitre II. — Lettres de M. Payard-Poterlot et d'un anonyme. — Le drapeau blanc et le récit d'un témoin oculaire. — Artillerie allemande jugée par un officier supérieur de l'artillerie française le 17 septembre 1870. — Georges Bastard et lettre de M. Brincourt. — Réponse de M. Biot, etc.   38

Chapitre III. — A la porte de Wadelincourt. — A droite de la porte de Paris (relation de Lambert, alors gardien de l'établissement du tir). — Le pompier Bernique. — La Compagnie le matin du 1er septembre et ses armements. — A gauche de la porte de Paris (relation de M. Germain, maréchal des logis). — A la porte de Glaire (relation de M. Mazuel et ce qu'on voit de la Marphée). — Les pompiers de Saint-Menges et de Floing. — Volontaires pour Paris. — Le lieutenant Munaut (J.-B.). — Les douaniers au Donjon   61

PAGES.

CHAPITRE IV. — Au Palatinat (relations de M. Letellier-Oudart et de M. Auguste Philippoteaux fils). — Au fort Nassau (carnet de M. Léon Pierrard). — Derrière le Petit Quartier. — A la porte du Ménil. — Au Grand Jardin. — Sur le Bourrelet. — Derniers échos. — Les Francs-Tireurs sedanais et les Volontaires............ 99

CHAPITRE V. — Les Pompiers. — Avant la guerre. — Coup d'œil rétrospectif. — Au moment de la guerre. — Les auxiliaires. — Lamé et Rondeau. — Au Dijonval. — Rapport du capitaine Pierre............ 156

Sedan. — Imprimerie de JULES LAROCHE, rue Gambetta, 22.

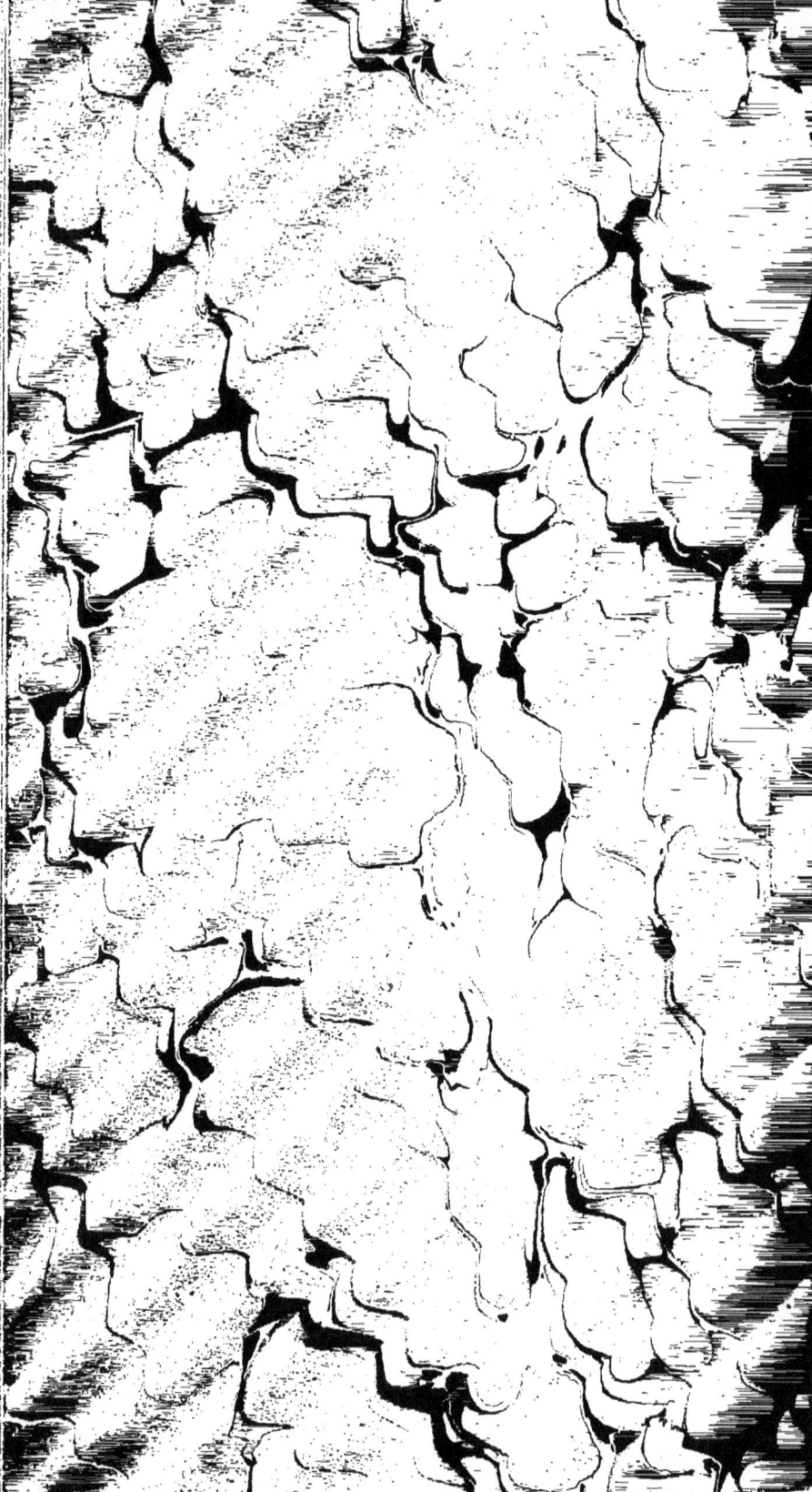

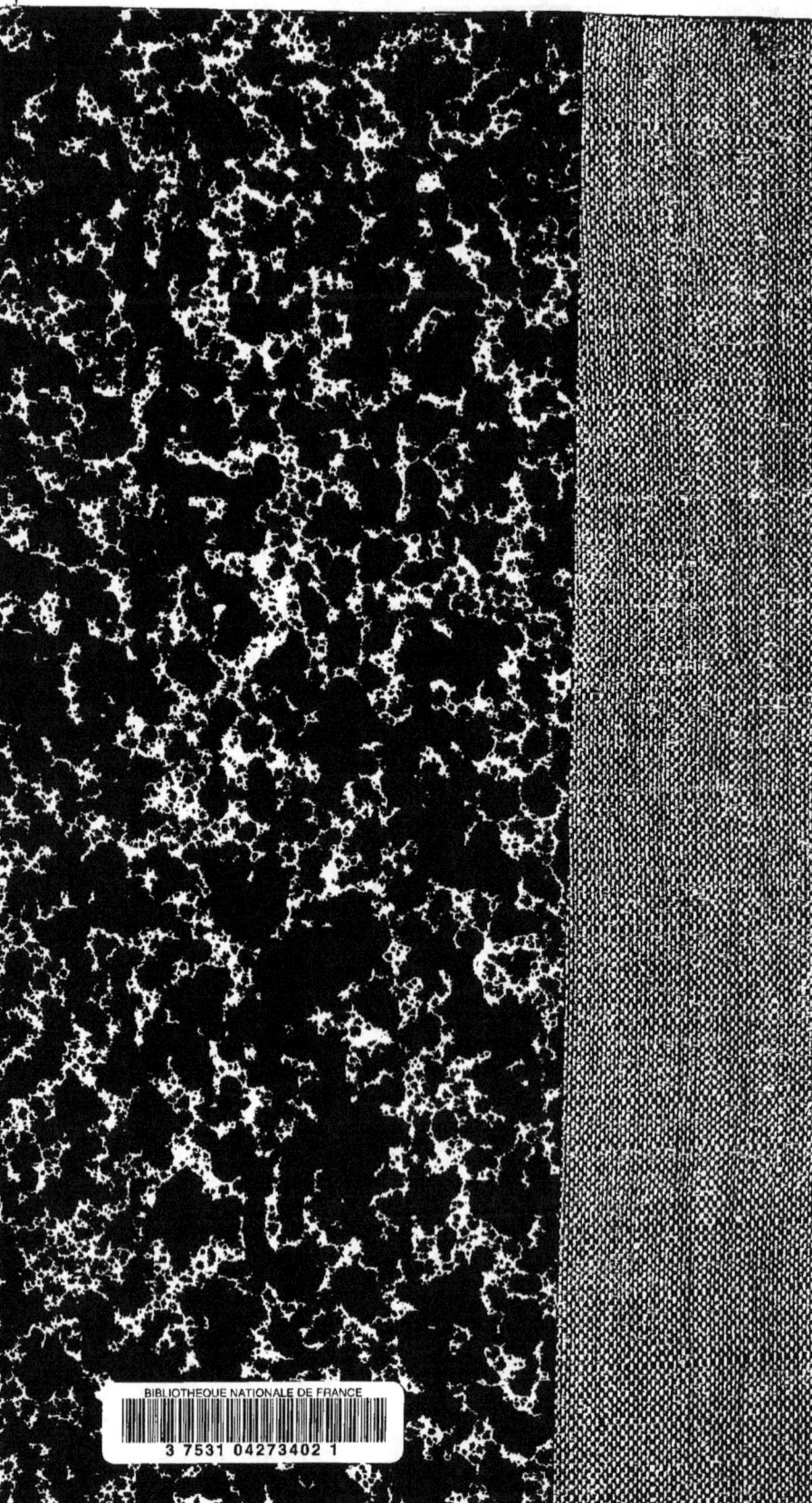

www.ingramcontent.com/pod-product-compliance
Lightning Source LLC
Chambersburg PA
CBHW060516090426
42735CB00011B/2243